日知文丛

昨日明月照今心

程念祺 著

浙江古籍出版社

图书在版编目(CIP)数据

昨日明月照今心 / 程念祺著. -- 杭州 : 浙江古籍出版社, 2021.1
ISBN 978-7-5540-1841-5

Ⅰ. ①昨… Ⅱ. ①程… Ⅲ. ①中国历史—古代史—文集 Ⅳ. ①K220.7-53

中国版本图书馆CIP数据核字（2020）第205663号

昨日明月照今心

程念祺　著

出版发行　浙江古籍出版社
（杭州市体育场路347号　邮编：310006）
网　　址　http://zjgj.zjcbcm.com
责任编辑　刘　蔚
文字编辑　周　密
封面设计　吴思璐
责任校对　吴颖胤
责任印务　楼浩凯
照　　排　浙江时代出版服务有限公司
印　　刷　浙江海虹彩色印务有限公司
开　　本　889 mm × 1194 mm　1/32
印　　张　5.625
字　　数　117千字
版　　次　2021年1月第1版
印　　次　2021年1月第1次印刷
书　　号　ISBN 978-7-5540-1841-5
定　　价　40.00元
如发现印装质量问题，影响阅读，请与市场营销部联系调换。

目　录

自 序

这本薄薄的集子，大多是近几年发表的，也有几篇没有发表过。形式各种各样，都是读史心得。书名：《昨日明月照今心》。

以下，容我为这个书名，作一注脚。

1973年从插队的地方回家，待在家里也没什么事，父亲就教我读《左传》。那都是我小时候在小人书上看过的，故事已经知道，读起来并不困难。第一篇，讲“郑伯克段于鄢”。读完后，要写一篇读后感，这就有点犯难。想了一想，就从“君之宠弟”这个角度写。写什么呢？写父母溺爱放纵自己的孩子，适足以害之。现成的例子，就是关于曾经的副统帅之子的故事（那时讲究联系现实）。但不知怎么，写着写着，就跑题了，写到“段不弟，故不言弟；如二君，故言克；称郑伯，讥失教也；谓之郑志，不言出奔难之也”上去了。

郑庄公的弟弟公叔段，因为受母亲姜氏宠爱，与母亲合谋篡权；庄公对自己的这个弟弟，一直欲擒故纵，多所放任；郑庄公用心如此，公叔段阴谋造反失败，除了逃命，也没有别的路了。古人的微言大义，无所不用其极。而我的读后感，现在看来，难免“阴谋论”之嫌。父亲让我改了。而且，从此再也不要我写什么读后感。

读史，自会引起读史者联想。少时，这种联想，或流于肤浅、牵强。至今想起来，甚至觉得可笑。但读之既久，深入下去，便会有真正的启发，使人豁然开朗。所以，好的史书，隔一段时间，总要拿出来翻翻的。这样翻书，就好像是我的“昨日明月”，随时照耀着我。我的名字中，有一个“念”字，拆开来就是“今心”，过去曾用作笔名，现在则成了我的微信名。

历史，就是我的昨日明月。

西汉的豪杰与豪强

一、打天下的是豪杰

汉高祖刘邦，当初在民间时，“不事生产”，游手好闲，到处交游。这种人，现在叫“二流子”。但在战国、秦汉之际，这类人中，颇多豪杰。比如楚王韩信，曾几何时连饭都吃不上，却佩着剑，到处晃悠。汉朝的丞相陈平，年轻时也不干活，吃饭靠他的哥哥，同样成天东游西荡。叔孙通向刘邦推荐人，“专言大猾”，也是指这类人物。

豪杰不是一个阶层，而是一种为人气质和行事方式。秦始皇统一天下，最担心的是六国后裔和贵族。但是，这些人中，有豪杰气的，少之又少。豪杰多出于民间。像陈胜那样的，“为人佣耕”，看上去很不堪，却喜欢说说“苟富贵，无相忘”之类的话。人家瞧不起他说这种大话，他就讥笑人家“燕雀安知鸿鹄之志”。陈胜在大泽乡首义，虽说是被逼无奈，但其义无反顾的精神和谋略，是称得上豪杰的。

刘邦身上的豪杰气，比陈胜要胜一筹。他的家境比陈胜好些，不必“为人佣耕”。但他“不事生产”，喜欢的是与人交游。他还做过乡官（亭长），在地方上是个人物。他曾经奉官府之命，押送一批人到咸阳服役。不少人半道上逃跑了，刘邦怕被追究，干脆把所有的人都放了。那些人见他如此慷慨大义，便追随他隐身大泽为盗，可见也都是些有豪杰义气的。他们与向来跟刘邦有交往的上至衙吏、下至贩夫走卒的各色人等，后来就成为刘邦沛县起义的中坚。

秦末起义，开始是恢复六国。但真正打天下的，是各地乘时而起的豪杰。灭秦之后，项羽论功行赏，把大部分天下封给了各路豪杰。楚汉战争爆发后，复立的六国，迅速归于消灭。他们的力量，远不如最初人们想象的那么大。

二、安得猛士兮守四方

统一天下之后，刘邦先是着手解决异姓王问题，诸如韩信、彭越和英布等。他们都是反秦起义和楚汉战争中战功卓著的豪杰。

接受了秦亡的教训，刘邦对于民间的豪杰，更是不敢掉以轻心。比如，对齐地的田氏，刘邦就想尽办法收服他们。

田氏的先祖，是从陈国逃亡到齐国的公子陈完，后改姓田。寄人篱下，陈完及其后代，做人做事都十分谨慎；族人之间，无分远近，亲亲其爱。

从公元前672年陈完逃到齐国，到公元前386年田和代齐，所历十世，共286年。其中，从田完传至田无宇，凡五代，田氏始成为齐国的卿族。无宇即田桓子。无宇的儿子乞，即田釐子。乞的儿子常，即田成子。田桓子和田釐子的时候，齐国有势力的卿族，都被他们逐个消灭。

齐简公时，田成子受排挤，自感不保，说可以去投奔别国。有族人警告他，如果他逃跑，就把他杀了。田氏族人中，自有一种存亡与共的强烈意识。史书上说，田氏在自己的领地，对百姓广施恩惠，人民“爱之如父母，而归之如流水”。据此也可以推知，田氏族人之间的那种亲亲之爱和由此形成的亲族凝聚力。

田成子生了七十几个儿子。儿子田盘继承了他的卿位，是为田襄子。田襄子执政齐国，把齐国的都邑，大多封给了自己的兄弟和宗亲。田氏的力量，遍布齐国上下。田氏最终取齐国而代之，而不是像晋国那样被赵、魏、韩三家瓜分，就是以这种一姓独大的宗族力量为基础的。

公元前284年，燕、秦、赵、魏、韩联兵伐齐，齐国七十余座城市数月之间被联军攻克。之后，楚将淖齿假意率兵救齐。他杀掉齐湣王，欲与燕国瓜分齐地。危难之际，齐湣王的一个族孙，侍从田贾，才十五六岁，在母亲的激励下振臂一呼，召集了四百余人，迅即攻杀淖齿，保住了齐国的王位。后来，以七千将士在即墨大败燕军，并重组齐国军队，收复了全部失地的田单，也是田氏的一个族人。

秦末，在齐地起兵的田儋，同样是齐国王室的远亲。田儋战死，齐人立齐国末代王田建之弟田假为王，被田儋从弟田荣击败。田荣立田儋子田市为王。后来，项羽封田市为胶东王，田荣原部将田都为齐王，齐王建之孙田安为济北王。但这三个封国，都是项羽的傀儡，旋即为田荣所灭。田市、田安皆为田荣所杀。田市被杀，是因为他还是想去投靠项羽。田都逃奔项羽后，莫知所终。田荣自立为齐王，又被项羽攻杀。项羽立田假为齐王，又被田荣之弟田横击败。

总体上，田氏的强大，不在王室，而在族人。其宗族凝聚力，充满了豪杰义气。这从田横及追随他的五百壮士之死，也可以得到证明。类似的豪杰义气，在当时各地的宗族中，也都程度不同地存在着。刘邦统一天下之后，顾忌天下豪杰，尤以齐地田氏为甚。他要收服田横，就是要收服齐地的田氏宗族，安定齐地，并以此示天下豪杰以善意。

同样，在处理赵王张敖谋反案时，因为赵相贯高等人到朝廷自承罪责，为张敖洗脱罪名，刘邦就顺水推舟，释放张敖，并将贯高等人一概赦免。这也是为了软化、收服赵地豪杰，安定赵地人心，借此安抚天下豪杰。

刘邦登基之后，一面消灭异姓王，一面大封同姓王，说到底，就是要防备豪杰造反。秦末豪杰并起，刘邦身在其中，深知其味。平定淮南王英布造反之后，他途经家乡沛县，大宴宾客，意态慷慨悲凉："大风起兮云飞扬，威加海内兮归故乡，安得猛士兮守四方。"他所忧心忡忡的"四方"，不是汉朝的四方边境，而是遍布天下的豪杰。故迁都关中之后，汉朝除了强迁"六国强族"入关，更将各地"豪杰名家"强迁关中，总共十几万人。他大封自己的子孙为王，就是要让他们成为为汉朝"守四方"的"猛士"。

三、豪强成为社会主流

司马迁在《游侠列传》中讲到，吴楚七国反叛，太尉周亚夫兵到河南，发现叛军竟然没有与洛阳大侠剧孟联络，大喜过望，说：“吴楚举大事而不求孟，吾知其无能为已矣。”在周亚夫看来，剧孟具有广泛的社会动员能力；七国造反，不去联合他，可见识见浅薄，还能干成什么大事。

汉初七十余年休养生息，地方上继豪杰而成为社会主流的，是一种称之为“豪强”的人。他们“朋党宗强比周，设财役贫，豪暴侵凌孤弱，恣欲自快”。那时，社会上将这种人也视之为豪杰。对此，司马迁不以为然。说豪杰都是隐于民间的“布衣之徒”，介于“贤豪”之间，是“乡曲之侠”“闾阎之侠”“匹夫之侠”；他们“怀独行君子之德，义不苟合于当世”，“设取予然诺，千里诵义，为死不顾世”，“修行砥名，声施于天下”；他们虽然会触犯法禁，但都是急人所难，救人于生死存亡之际；做了好事也不自吹自擂，更羞于向人提起。

然而，这样的人物，如剧孟、郭解，在司马迁时代，已是硕果仅存。汉朝对游侠，或者豪杰，打击甚严。景帝时，济南郡的瞯氏、陈郡的周庸，以“游侠”闻名天下，势力非常之大。景帝特命钦差大臣去那里治他们的罪，株连甚广。但是，景帝所打击的济南瞯氏之流，“豪猾放纵”，已完全是豪强一类人物了。

司马迁在《游侠列传》中，显然把豪杰理想化了。他所讲的豪杰，那种为人气质和行事方式，在汉初七十余年中，渐渐地已不再能称名于世。代之而起的“豪强”，肆无忌惮，不讲公义，“武断于乡曲”，是所谓“豪暴”“豪猾”。韩非讲“侠以武犯禁”，叔孙通“专言大猾”，反映的无非是游侠，或者豪杰的“暴”与“猾”。从来豪杰的为人行事，一般都不脱这两个特点。汉史上“豪猾”并称，或称“豪杰大猾”“宿豪大猾”，反映的正是此类人物的共性。汉朝建立之后，乱世的舞台不存在了，“侠”，或者“豪杰”，要么本身已成为权势与财富中人，要么就是以攀附权势与财富者为生，并以加入他们为目标的人。

总而言之，敢于以豪杰风格行事的人，在汉初的无为和放任之下，其“暴”其“猾”，离成为“兼并之徒”“豪党之徒”，都是最近的。承平既久，豪强成为主流，社会即由遍地豪杰，演变为遍地豪强。中国的历史，亦由此翻开了另一篇章。

汉朝的郡太守与刺史

春秋战国时期，传统的贵族政治被颠覆，各国君主逐渐以官僚来控制国家。这是法家强调“督责之术”的政治背景。秦朝大一统，在全国推行郡县制。惟各地情况不同，虽然有统一的制度和法令，执行起来必定会有变通；而官僚各因能力不同，又不能不怀有私心，变通难免不生出弊端。所以，如何有效地对官僚进行督责，就成为政治上的一大问题。

汉朝与秦一样，地方设郡、县两级。县直接治民。郡的设置，主要是对县进行政治和军事上的监视。汉朝的郡守级别很高，权也很重，秩“二千石”，与中央丞相、太尉和御史大夫以下的行政长官，差不多是平级的。而郡守的属官，级别最高的是丞，秩才“六百石”，对郡守只能是唯命是从。郡守以下的各县长官，万户以上的称“县令”，秩“千石”至“六百石”；万户以下的称“县长”，秩才“五百至三百石”。郡守对于县之令、长，政治上可谓是居于泰山压顶之势。郡又设尉，辅助郡守掌管军事，秩略低于郡守，“比二千石”。这本身即表明郡的设置，在军事上的特殊意义。大一统尚在草创时期，而且天高皇帝远，地方势力本不容小觑。设郡尉辅佐郡守掌军事，意在强化对县治的军事监视，对付随时可能发生的暴力反抗。

汉朝的上述制度，承袭秦朝而来。秦朝的短命，固由于暴政；却也有旧势力图谋恢复六国的要求在里面；而那时社会上有野心的人，也有希望取秦朝而代之的，或是借着造反来改变自己的社会地位。史书中记载的“始皇帝死而地分”“彼（始皇帝）可取而代之”“大丈夫当如此（始皇帝）也”“王侯将相宁有种乎”“伐无道诛暴秦”之类的话头，反映的正是那个时代社会的不满和躁动。秦亡汉兴，汉朝的统治者当然不会不重视当初颠覆秦朝的种种社会力量。单从这一点上看，就知道所谓汉承秦制，未必是汉朝刻意向秦朝学习的结果，是制度的自然延续，而是出于汉朝本身政治上的需要。历史上，制度的承袭，情况大多如此。

汉武帝穷兵黩武，为此而开征财产税，并实行瞒报资产充公的“告缗”制度，又对盐、铁实行官营，并以均输和平准措施来控制商品流通和物价。那时，武帝正千方百计地削弱丞相的权力，以直接控制郡、县。这反而导致了郡、县官与朝中权贵，以及有着各种政治背景的地方豪强相互勾结，不利于武帝的集权和专制。为此，武帝特意使用了一批酷吏，专门整治作奸犯科的郡、县官和权贵、豪强。但在当时的政治环境中，酷吏都非常势利，一切看武帝的脸色行事。有名的酷吏如王温舒，“有势者，虽有奸如山，弗犯；无势者，贵戚必侵辱”。还有杜周，“专以人主（皇帝）意指为狱”。张汤是西汉最有名的酷吏，人也廉洁，但办案还是要看武帝脸色。那时，酷吏大多很贪，在办案过程中发了横财。

武帝的所作所为，原本一方面是要富国强兵，一方面是要节制工商业资本和打击大土地占有。眼见重用酷吏不能解决问题，还生出许多弊端，便决定进一步从制度上来解决这个问题。

公元前106年，武帝设置了十三部刺史来监察全国郡、县，以解决对郡、县权力的制约和郡、县官与贵族、豪强勾结的问题。当时规定，刺史有六大职权。一是纠举有权有势的豪强拥有的田宅超过法律规定，以及他们在地方上的“以强凌弱，以众暴寡”。二是二千石不奉诏令，不遵法规，公私颠倒，假朝廷而循私利，“侵渔百姓，聚敛为奸”。三是二千石草率判案，以滥杀立威，赏罚皆出于个人好恶，苛刻而残虐地对待百姓，民愤极大，以至于引起灾异和谣言。四是二千石挟私选任属官，才德兼备者不用，而专门用那些无才无德的人。五是二千石的家人子弟仰仗权势，向刺史徇私请托的。六是二千石徇私，依附豪强，接受其贿赂，破坏国家法令。

设置刺史的几年以后，其监察作用显然没有做到上述规定的六条。主要的原因，还是办案要看皇帝的脸色，不敢触犯权贵。于是，一个叫田仁的官员上书武帝，说“天下郡太守（景帝时“守”改称“太守”）多为奸利”，特别是三河地区，达官贵人聚居，郡太守“内倚中贵人，与三公有亲属，无所畏惮”。他向武帝请命，去担任三河地区的刺史。三河，即当时的河内、河东、河南三郡。田仁到了哪里，就把现任的太守，一个个抓起来法办了。武帝很欣赏田仁，表扬他“不畏强御”，升任他为丞相司直（隶属丞相的监察官），一时之间“威振天下”。

“天下郡太守多为奸利”，说明汉朝设置郡一级行政的本意已被破坏。既然如此，为什么不干脆去掉郡一级的行政呢？直接用刺史去监察县一级行政不是更方便吗？但是，在相权被严重削弱的情况下，撤掉郡一级行政，由中央直接控制到县，

“天高皇帝远”的问题恐怕会更加严重。何况当时是要强化国家对地方的控制，就不得不赋予郡一级行政有更多的行政权和军事指挥权。设置刺史的目的，无非是将酷吏制度化，以制约郡、县官对权力的滥用。说到底，郡一级行政是汉朝国家权力链条中不可或缺的一环；刺史制度或可以有系统地在事后去纠举那些利用权力作奸犯科的郡、县官；却无法于事前制约郡、县官利用自己所掌握的权力去作奸犯科。在皇权专制之下，对郡、县的每一项权力授予，实际上都具有皇权专制的性质，郡、县官实际上就是在代天子行政。如前所述，各地情况不同，郡、县官吏执行皇帝诏令和国家法规就不得不变通；而他们各自能力的不同，又怀有各种各样的私心，变通之中就必然会生出许多弊端。所以，皇帝越是“有为”，生出的弊端就越多，郡、县官吏作奸犯科的事也就越多。专制主义之下的官僚政治，必然是如此的。

武帝以后，酷吏、刺史与权贵、豪强，以及郡、县官相互勾结的问题更是日趋严重。《汉书》上说，权贵云集的王畿之地，“酷吏并缘为奸”，指的就是刺史与权贵相互勾结的情形。汉宣帝曾感叹，愿与“良二千石”共享天下之“政平讼理”。而皇帝之所以这样说，就是因为“二千石多材下不任职”。汉元帝也曾说过，郡太守徇私选任，以至于郡县属吏都不称职。可见，当时的刺史，并没有能够起到多大的监察郡、县的作用。由此亦可见，汉武帝虚置相权之后，郡一级行政反而因为自身权力的强化，变得难以控制了；由皇帝直接控制郡一级行政，只能使郡、县的权力变得更加专制；用酷吏、刺史来实施监察，无论是对权贵、豪强，还是对郡、县，都不过是“借寇兵而资盗粮”。

更严重的问题，还在于随着郡、县官吏与权贵、豪强的普遍勾结，汉朝的地方其实已是权贵和豪强的天下，长久以往，中央任命的郡太守，在地方上反而成为权贵、豪强的附庸。昭帝时，颍川郡因为“多豪强”而“难治”，“国家常为选良二千石”，皆“莫能禽（擒）治”。而还在武帝时即因“多贵人宗室，难治”的京畿右内史所辖地区，到了宣帝时更是“民多豪强，号为难治”。又如涿郡，连着几任郡太守都比较软弱，结果是盗贼横行不法，以豪强为靠山，“自郡吏以下皆畏避之，莫敢与忤，咸曰：‘宁负二千石，无负豪大家。’”东海郡有“大豪”许仲孙“为奸猾，乱吏治”，“二千石欲捕者，辄以力势变诈自解，终莫能制”。而长安天子脚下，“宿豪大猾”，“通邪结党，挟养奸轨，上干王法，下乱吏治，并兼役使，侵渔小民，为百姓豺狼。更数二千石，二十年莫能禽讨”。这些情况都说明，刺史的监察，远不能解决郡太守执法不利的问题。

元帝曾实话实说：“民多冤结，州郡不理。”可见，一方面固然是太守失职，一方面也是监察失职。然而，郡太守若无深厚的政治背景，则不免被刺史“察过悉劾，发扬阴私”，滥施刑罚。所以，除非有过硬的后台，或精明强干者，郡太守“中材苟容求全，下材怀危内顾”，只为自己的身家性命考虑，是当时普遍的状况。而因为不敢强硬执法，他们也经常会摊上“纵”的罪名，受到撤职查办的处罚。成帝时，为解决这个问题，曾下诏：“二千石不为纵。”“纵”，即不敢对豪强和属吏执法。

这在表面上是对太守软弱无能的曲谅，实则是对豪强和属吏的姑息放纵。那时，郡、县官如果被摊上了“纵”的罪名，经常是被撤职查办之后，就永不录用了。

成帝时的酷吏尹赏，无论是在做县官时，还是在做太守时，执法的特点就是严酷，甚至冤杀了一些官员和百姓，当时被称为“残贼”。为此，他一生好几次被罢官。但是，什么地方问题解决不了，朝廷总会想到重新起用他。此人后来病死在任上。临死前，他把几个儿子叫到身边，向他们总结道：大丈夫为官，因为“残贼”被免职，等朝廷追思他的政绩时，就会重新起用他；但要是因为软弱（纵）而不能胜任被罢官，一辈子不能再被起用了，这样的羞辱真比贪污受贿被治罪还厉害。这是他留给儿子们的遗嘱。后来，他的四个儿子也都官至郡太守，执法风格也与他相似。像尹赏这种“残贼”般的酷吏作风，就总体而言，其实就是在所谓法不责众的历史条件下，国家不得不采取的强硬执法。虽不能持久，却也可以收一时之效。

西汉为了强化对地方的控制而集权而专制，结果反而使郡、县权力扩张，削弱了中央权力，而且也难以采取有效的制度对郡、县实行制约，最终使权贵和豪强成为难以制服的地方势力，朝廷难以控制郡县，郡县也难以控制地方。

中国历史上的羁縻之策

羁縻，在中国历史上，是中原王朝用以牵制周边部族，使其不能形成强大军事集团，以确保国家边地安宁的基本国策。两千年间，中国西、北边疆的安定与否，与中国历史进程的关系巨大。秦朝大一统之后，在其西、北边疆基本采取守势。为防备匈奴南下，秦朝将战时各国修筑的长城连接起来，东起大海，西到今日甘肃境内。但是，从汉初到明朝之前，差不多十六个世纪里，历代都不再在西、北边疆大规模筑墙。两汉、隋唐统一时，主要是以羁縻的方式维护西、北边疆安全。安史之乱后，唐朝国力衰弱，羁縻遂告失败。从那时起，外族反复从西、北方向突入中原，改朝换代。明朝驱逐蒙古后，在西、北边境的防御，以"持重"与"固守"为原则，对蒙古和满族皆失羁縻，边疆战事不断，最终导致满族在关外崛起，入主中原。史事纷繁，兹就中国历史上西、北边疆羁縻政策成败及其所造成的影响，述其大要。

一、汉唐时期西、北边疆的羁縻政策

汉朝在西、北部边疆的大规模羁縻，始于汉武帝时期。武帝对匈奴取得决定性胜利后，在西、北部边境所采取的御敌之策，通常就是在塞外设置军镇，以阻止当地部族相互兼并，形成强大军事集团，威胁汉朝边境安全。如匈奴浑邪王降汉后，所部匈奴被分置于陇西、北地、上郡、朔方、云中等地，各为汉之属国，并受所在郡监视。之后，汉朝又先后于河西走廊设置酒泉、武威、张掖、敦煌等郡，将匈奴与西域诸国（主要是针对羌人）的联系隔断。那时，汉朝不断从西、北部向匈奴以及其他部族发起进攻。战胜之后，即设郡、筑城，安置降人，加以羁縻。在打通西域之后，汉朝还设置都护、校尉，羁縻当地部族，保护东西交通。这类机构的设置，与汉朝内地所设之郡县，性质上是颇不相同的。

汉宣帝时，匈奴分裂，呼韩邪单于降汉，被安置于北部诸郡。惟汉朝羁縻不力，其部落日渐强盛，重返漠北，并于王莽和东汉光武帝时不断南侵，汉族边民甚至不得不内迁避害。之后，匈奴又分裂为南北两部。南匈奴降汉，入居汉之西河郡（在今山西西北、内蒙古南）；北部匈奴则因连年旱蝗，频遭南匈奴和丁零、鲜卑及西域诸国进攻，迅速衰落；最终在南匈奴与东汉联合进攻下，或降，或溃散，或远遁欧洲。

两汉以来的统治者，对归降的西、北部族，往往使其附塞，或移居塞内，以便羁縻，并用他们守边。至西晋时，入居中原的部族，除了匈奴，还有羯、氐、羌、鲜卑等。鲜卑分布最广，塞内塞外，由西向东，绵延不绝。惟两汉、三国，汉族兵力强盛，即便天下大乱，武力强悍者多为汉族豪帅，入居的外族并不具备争胜的实力。但是，到了西晋“八王之乱”，汉族武力耗尽，这些部族就得以乘虚而起。此后，一方面是南北分裂；另一方面是北方先后出现二十多个部族政权，史称“五胡十六国”。

淝水战后，氐族的前秦分崩离析，地处代北的鲜卑拓跋部建立北魏。北魏灭掉后燕，又用了三四十年时间，讨伐北部的柔然、高车和西部的夏，以及割据辽东、辽西的北燕，和割据河西的北凉，才完成了对中国北方的统一。之后，北魏便在其北部边境，修筑了约两千里的长城，沿着它建立了不少军事据点，防御外族进攻，并羁縻被安置在这一漫长地带的各族人民。但是，迁都洛阳以后，北魏便放松了在这一地区的羁縻，任凭边地的鲜卑士兵以及各族人民生存状况恶化，导致这一地区叛乱此起彼伏，并引发河北、关陇地区的叛乱，严重削弱了北魏的统治，使其内部权力斗争愈演愈烈，以至于分裂为东魏、西魏，又各为北齐、北周所取代。北周灭北齐，重新统一北方。之后，杨坚篡夺北周，建立隋朝。同一时期，南方则经历了东晋以及宋、齐、梁、陈。

隋朝最终实现了中国的重新统一。这段由分裂而统一的历史，其分裂，主要是由于中原汉族政权本身的衰弱；但入居中原的外族的武力破坏，不仅使分裂的程度加剧，也使分裂变得深刻而漫长。期间，当北魏分裂之后，柔然复又变得强大起来，与东、西魏为敌。而后，西北方向的突厥变得更加强大，击败柔然，成为中国的又一强敌。东魏、西魏和北齐、北周，对突厥都一意求和，满足它的各种索取。隋文帝杨坚，则对突厥发动大规模的战争，战胜之后离间其部落，使之分裂为东、西两部。后来，在隋朝支持下，东突厥击败西突厥。但是，到了隋末，天下大乱，西突厥又迅速强大起来：地跨现在中国的新疆维吾尔自治区、内蒙古自治区和东北，以及中亚诸国、蒙古国和俄国西伯利亚地区，并征服了这一广阔地域内的几乎所有部族，“控弦之士”至于百万。

唐朝重建统一。唐太宗时，终于将西突厥以及曾经附从于它的铁勒薛延陀、回纥部击败。之后，唐朝在西域设焉耆、龟兹、于阗和疏勒诸镇；又设安西都护府，统领天山南北；后来另设北庭都护府，分领天山以北。这些机构的设置，都是为了羁縻西北部族，以保卫唐朝边疆安全。在北部和东北部，唐朝也设置了大量的羁縻府州，使据居在那里的各部落自行管理，接受唐朝的册封、赏赐，保持各自的独立，而不附从于其他部落。在这些设置了羁縻府州的地方，唐朝派有驻军，监视所辖羁縻府州。其作用，与上述安西诸镇，安西都护府和北庭都护府，以及汉代的河西四郡西域都护、校尉，基本上是一样的，即将当地部族分而制之，阻止其相互兼并，形成强大的军事集团，威胁唐朝边地安全。

吕思勉先生在谈到汉唐的羁縻政策时说，汉、唐是将“边防设在边境之外”，一方面“控其道路”，即前述汉设西域都护，唐设安西都护之类；一方面“据其要害”，即前述汉之河西四郡，唐之安西四镇之类；总之，对边地部族“利其弱不利其强，利其分不利其合。睹其强大也，必谋所以摧挫之……其互相吞并也，必遏止之，使不得遂”。这样的分析和概括，具体、精到而透彻。

二、燕云十六州失陷与中国西、北部边疆的羁縻失据

然而，唐朝对西、北部族的羁縻，不过维持了一百多年，

远不如两汉那样持久。到公元755年，安史之乱爆发，这一羁縻政策就名存实亡了。而北部契丹部族因此而崛起，影响尤为深远。

契丹的崛起，在很大程度上是唐朝国力衰弱的命中注定。唐初，契丹就很强大。但是，太宗时国力强盛，契丹内附各部皆在唐朝军事重镇营州都督府的羁縻之下。武则天时，契丹反叛。唐朝依靠奚（同为契丹部落）和东突厥，将其击败。然而，安史之乱后，唐朝国力衰弱。吐蕃、回纥相继进犯，导致唐朝西部的羁縻体系彻底崩溃；内部藩镇割据、叛乱和互斗，也使唐朝陷于实际上的分裂；黄巢作乱扫荡了大半个中国，朝廷孤立无援，唐朝只好请沙陀突厥出兵镇压，又把沙陀势力引入了中原；宦官长期把持朝廷，则使唐朝统治的合法性都成为问题。国家如此苟延残喘，当然不再有能力维持其北部的羁縻，契丹便乘机而起。

至五代石晋，终于将燕云十六州拱手让给了契丹，中国历史的走向也由此出现了影响深远的重大转折。从表面看，割让燕云十六州，只是使中国面对外族进攻，失去了一道重要的战略屏障。北宋统一中国后，面对契丹骑兵进攻，就总是处于极为不利的地位。然而，这件事真正深刻的影响，还在于此后每当北宋为应对西部党项而采取军事行动时，都受到北部军事形势的严重牵制。这就决定了汉唐以来，中国在西、北部边境或境外，对外族实行羁縻的政策，变得完全不可能了。1004年，北宋与辽国签订澶渊之盟，以“岁币”换取和平；1038年，党项族建立西夏国之后，北宋最终也不得不以每年给予钱物来换取和平，都是由于这两股力量的同时牵制而不得不为的选择。这说明，北宋在其西、北边境上，是完全受制于外敌的。

而更进一步的问题是，这一时期，先是辽对女真，而后是金、西夏对蒙古，都未能分而制之；这些外族统治者，一般都只关心如何向宋朝索要更多的钱物，而无宏图远略。即此而言，因燕云十六州的丢失，而使中国北部边疆无险可守的情况，只不过是历史的一个短暂而局部的片段；真正具有长远和全局性影响的，是由于契丹和党项的阻隔，在中国西、北广阔辽远的地域内，女真、蒙古先后变得空前强大。北宋联金灭辽，南宋联蒙灭金，无非是汉族统治者对于女真、蒙古的强大缺乏认识，而使自己陷于灭顶之灾。

三、明朝西、北边疆的羁縻失据

游牧的蒙古汗国，几乎将中国西、北境外的游牧民族与游牧民族建立的国家，囊括而尽。但是，它迅速分裂了。元朝，则因采取了汉地制度，拥有汉地物力，幅员广阔，兵力强盛，在西、北方向完全没有敌手。但是，蒙元败退草原之后，明朝的西、北边疆，又恢复了旧观。明朝设东胜卫（今呼和浩特东南）、开平卫（原上都，今内蒙古自治区多伦县）和大宁卫（治所在今内蒙古自治区宁城县），构成抵御蒙古的第一道防线。洪武二十二年（1389），蒙古兀良哈部归附明朝。明朝因其故地，设泰宁、朵颜和福余三卫，隶属于北平行都司。大宁后来撤卫建藩，为宁王朱权的封国所在；兀良哈三卫皆由宁王节制。这两件事，可以称得上是明初对蒙古的羁縻。

及朱棣“靖难”起兵，偷袭大宁得手，劫持了宁王，遂以兀良哈骑兵为“靖难”劲旅。“靖难”功成，作为当初出兵的奖赏，朱棣允许兀良哈占据大宁，东胜卫遂由于地处“孤远”而内迁。这样一来，开平卫因陷于孤立，也不得不于宣德时内迁。从地理形势上看，兀良哈占据大宁，即阻断了拱卫京师的大同、宣府、蓟州与辽东之间的联系；而开平卫内迁，北京“孤悬绝北”，离边境最近的地方不过二三百里，随时都处于蒙古军队的压力之下。明朝对蒙古的羁縻，便从此失据。

总体上看，明朝的西、北部边防，一开始就设在边境线上，而不是设在边境之外，采取的完全是守势。有明一代，由西向东，总共修了长约 8850 公里的防御工事。其中，边墙长达 6200 多公里。其他的，或为壕堑，或为天然屏障，辅之以人工修建的防御工事。在这漫长的西、北防御地带，明朝设置了大量军事卫所，还先后建起了辽东、蓟镇、宣府、大同、山西、延绥、固原、宁夏、甘肃九个重点防御区。每个防御区都设有多个军事据点扼守险要，互为犄角。然而，所有这些御敌措施，用意皆在于严防死守。与洪武皇帝给西、北边防定下的“持重”“固守”原则，是完全符合的。但是，这样的“持重”与“固守”，仅仅因为永乐皇帝允许兀良哈三卫占据大宁这样一个小小改变，大同、宣府、蓟州与辽东之间的联系就从此阻断，东胜卫和开平卫也不得不回迁，使明朝西、北边境在之后的两个世纪中，不断受到原本已退回草原的蒙古骑兵的冲击，甚者至于兵临北京城下。可见，在西、北边防问题上，洪武皇帝缺乏深谋远略。

进一步要讨论的是，如果明朝像汉唐那样，能在西、北边疆，把边防设在边境之外，历史也许就会是另一种样子！须知，蒙古退回草原之后不久，就分裂为三部，各自内部也不稳定。而那个时候，明朝已控制着燕云十六州之地，如能把明朝的军队布防于西、北边境之外，战略地理上就完全握有了主动权。如果是这样，北京又何至于“孤悬绝北”！明朝自也不必像黄宗羲所说的那样，迁都之后便时时担心亡国！何况，当时如果这样做了，不仅可以阻止满族部落间的兼并，还可以隔绝满蒙联系。作这样的假设和推论，只是为了对明朝西、北部边防政策，做一种符合实际的批评。事实上，明朝的国力，很大程度上就是被这种“持重”和“固守”边疆的政策消耗殆尽的，明朝灭亡和满族入主中原无不与这样的政策有着深刻的联系。论者或谓明朝在东北设立过许多卫、所，甚至像奴儿干都司（英宗时撤销）那样的机构。但是，这些举措，都不过以当地部族表示臣服、接受任命而止。

清朝入关之后，西、北边疆的羁縻，已变得不再那么意义重大了。满族在入主中原之前，已降服了漠南和漠北蒙古；并以联姻和崇奉共同宗教与之相固结。所以，清军入关之后，东北、北部边境，已在长城之外数千里，远离帝国统治的中心，而且境外也无强敌。在这种形势下，清朝的西、北方向，只有漠北以西的蒙古需要征服。而当时的清朝军队，因为有了汉地物力的支持，几乎具有压倒性优势。此后一百多年中，因为同样的原因，清朝的军队也几乎战无不胜。然而，在这一过程中，世界已开始从根本上改变了，清朝日后所要面对的将不再是塞外部族的进攻。当然，这已不在本文讨论的范围之内。

最后要提出的是，有关中国历史上西、北部族入侵中原的问题，有研究者认为，这是由于那些原本分散的部落，在形成较大的集团之后，难以从草原获得足够食物。这样的看法，较之所谓气候变冷、游牧民族的特点等，更具有解释力。然而，根据以上所述，可以肯定地说，如果各朝代内部政治形势稳定，并且能够把边防设在西、北边境之外，塞外部族一般是没有什么结成强大军事集团的机会的。两汉隋唐的强大和主动羁縻，即便如匈奴、突厥之强大，也只能逞一时之胜；宋明被动而羁縻失据，虽说经济力量不弱，仍有辽、西夏、金、蒙古和满族的逼迫甚而入主中国，都足以说明这样的问题。正因为如此，关于中国历史上的外族入侵，也许应当更多地把研究的注意力集中于历史上各中原王朝的内部治理以及边疆羁縻之策运用得得当与否。而历史的经验表明，凡中原王朝内部发生政治、经济危机，其边疆羁縻之策必定失败，并导致外族崛起及其对中原的侵扰，甚至入主中原。

科举选官和胥吏政治的发展

自清末废除科举，至今已经一百年了。反思科举制度的兴废，对于研究中国的近代化，是一件非常重要的事情。这里，我们不妨首先回顾一下科举制产生和发展的历史。

中国在春秋战国之前，并不是一个官僚化国家。西周实行的是领主制，统治者各治其民，只不过天子、诸侯用卿大夫为官，卿大夫又用家臣为官。然而，从春秋到战国，中国的社会结构发生了根本性的变化：首先是村社共同体瓦解，独立的农户成为社会最基本的单元；再就是原来的领主，在不断的兼并战争中被消灭了。在这样的状况下，国家不得不对社会实行从上至下的官僚控制。战国的时候，国家对社会的控制已基本上官僚化了。官僚化控制的直接后果，就是使政治的复杂程度大大提高；对于做官的人来说，专门的政治知识已非常重要。当时，各国君主都非常重视选拔那些具有专门政治知识的人做官。秦朝建立后，设了许多博士官，目的也在于用专门的政治知识来治国；始皇帝还下令"以吏为师"，更着眼于从政治知识方面培养和选拔做官的人才。汉代，学问和政治的关系密切，选拔官员越来越看重学问；朝廷设太学和郡国学，学生多被录用为官员。总而言之，政治既然已经官僚化了，就需要做官的人具备专门的政治知识。

汉代选官还非常看重个人品行；久而久之，到曹魏时就设立了制度，将人物分为九品。那时，一个人的人品，总是由他所在的地方来评价的。于是，评品人物的权力，最终操于地方世家大族之手，形成了所谓的“九品中正”制。自汉以来，对读书人做官并没有严格限制。实行“九品中正”，最终却是“上品无寒门，下品无世族”，在仕途上造成了严重的不平等。紧随其后的，就是隋唐科举制的产生。这是中国的统治者在近千年官僚化统治之后，所创设的一种培养和选拔官僚的制度。近人论及科举取士的优点，最看重的就是它的公平，认为公平就能出人才。唐朝出了许多人才，据说都是因为科举制。这样一种意见，恐怕很有问题。汉代没有科举制，不也同样出了很多了不起的人物吗？其实，科举制的好处，仅仅相对九品中正制而言，未必就是历史上最好的选拔人才的制度。

唐朝的科举，以明经和进士二科最为重要；但进士又重于明经。明经科的考试，当时分为“帖经”和“墨义”，都是要测试考生对经典文句是否熟记，而不在乎他们对经典微言大义的阐释。明经科考试，后来又增加了“时务策”一门，以考查考生是否有政治见解。进士一科，唐朝最初仅试“时务策”五条，后来又增加了帖经和杂文。杂文一门，最初要试多种文体，慢慢地就只作诗和赋了。科考重诗赋而轻经（帖经、墨义）、策，是当时重文学的风气使然。中唐以后，科考往往又加试“论”。“论”的对象，是经书和史书中的题目，跟“策”专门讨论“时务”不一样。这样的考试再公平，也不能测试一个人是否具备做官的才智。唐朝做官，还有门荫一途。在那些因门荫而做官的人看来，做官就该凭才干，而不应该凭文辞。这样的意见，虽然是出于一己之私，而且也非常自以为是，却切中了科举取士的要害。

直到北宋王安石变法，才将明经等科都并入了进士科，取消了诗赋、帖经和墨义，而增加“经义”一门，与策、论并驾齐驱。所谓经义，就是以儒学经典中的某一句或几句，或某个段落为题，让考生阐发其中的义理，考察他们对儒学微言大义的理解力，以使他们能够思圣人所思，想圣人所想，讲出圣人的意思。这样的考试，大大地压抑了读书人的思想。好在宋朝热衷于“养士”，对读书人很优容，研究学问的风气因此得到鼓励。那时做学问的风气，是希望通过研究学问，来搞清楚治理天下的道理。所以，尽管有科考经义之流弊，但研究学问的风气对这种流弊还是有制约作用的。只不过做官的人是否因此增长了实际的政治才干，却不得而知。

由宋而元，儒学衰微。入明而后，科举虽受重视，却已失去了两宋那样的学问背景。明朝又重科举而轻学校，也就是重考试而轻学问，学生唯知记诵，而不是去思考和研究儒学义理。没有了学问背景，所有关于正心、诚意、修身、齐家、治国、平天下的道理，都仅仅成为通向仕途的敲门砖。于是，一方面是士子们在科场上模仿着经典中的圣人语气，讲着圣人们已经讲过的道理；另一方面就是拼命地在文章和修辞技巧上下功夫。渐渐地，一种有关经义的“八股”文体就形成了。这样一种文章形式，对人的思想更是一种极大的束缚；入清而未改。明末清初的顾炎武认为，八股文的害处就好像是秦始皇焚书；而它对于人才的败坏，则比秦始皇坑儒还要厉害。

以上所说，或强调科举考试科目并不适合选拔做官的人才，或强调科举考试有害于士子的道德培养。但是，这是否就意味着要从头否定科举制呢？恰恰相反。科举制是成功的。科举制的成功之处，就在于使天下的读书人驯服。虽然，驯服未必就没有本事，但不驯服是决不能给官做的。而很多具体的事务，官员不懂得怎么做，无伤大雅，自会有熟悉工作的吏员去处理。远自战国，官府中就有很多吏，秦汉也一样。汉朝的萧何和曹参，都曾做过秦朝的县吏，刘邦则是更低一级的吏。吏的地位一般都很卑微，对社会却很了解，而且都是有专门政治知识的人，其中人物往往也很有本事。刘邦造反，最终做了皇帝。辅助他的萧何和曹参，先后都做了汉朝的相国。战国和秦汉时还有一种“胥人”，或称“里胥”，亦即后世所谓的“里吏”。“里”是当时政府管理的最低一级机构，胥人、里胥连正式官府吏员也算不上，却也必须得到官府的认可，并执行一定的公干。郦食其、陈平都是这一类人物，也都很有本事。汉人讲无为而治，所谓“萧规曹随”，需要一个先决的条件，就是“萧规” 都已有“胥”与“吏”在具体经办了。

隋唐以下，胥吏制度发展得非常严密。即便是中央朝廷，各府衙的事务亦可全部交给胥吏处理。唐代宗时，元载为相，史书上说他凡事“外委胥吏”（《旧唐书》卷118《元载传》）。宋代设官，最注重权力分散，使官员相互掣肘；官越设越多，机构越来复杂，权力越来越零碎，事务越来越繁杂，而负责具体操作的胥吏的权力当然也就越来越大，其结果就是胥吏政治的形成。“吏强官弱”（《宋史》卷365《蔡居厚传》），是宋史上的普遍现象。司马光说：“府史胥徒之属，居无廪禄，进无荣望，皆以啗民为生者也。上自公府省寺、诸路监司、州县、乡村、仓场、库务之吏，词讼追呼、租税徭役、出纳会计，凡有毫厘之事关其手者，非赂遗则不行。是以百姓破家坏产者，非县官赋役独能使之然也。大半尽于吏家也。此民之所以重困者也。”（《续资治通鉴长编》卷196）

毫无疑问，胥吏政治的养成，与科举制有着极大关系。隋唐之前，胥吏的问题是“奸猾”，却并不足以控制行政。两汉时，官员往往自辟僚属，胥吏的任用往往只在官员的一言之间。魏晋南北朝行九品中正制，做官的人都有家世背景，也绝不会受制于属吏。惟科举制只负责培养驯服的官员，多数人在为官之前不过一介草民，没有什么家世背景，他们中的大多数或可以讲一套经世济民的大道理，却缺乏真正的行政能力和应有的权力，所以上任伊始自不能不听任胥吏的摆布，否则就很难在官场上混下去。宋仁宗时，就发生过“胥吏讙哗而斥逐御史中丞”（《续资治通鉴长编》卷196）的事情。

元、明、清时期，胥吏政治更演为胥吏专政。元朝以外族入主中国，因为文化方面的原因，对读书人自不能信任，故当时有“九儒十丐”之说。但国家需要人来管理，元朝既已轻儒，则不得不重吏，于是元朝的胥吏政治更演为胥吏专政，“一县之政，欲求不出于胥吏之手，亦难矣”（胡祗遹《紫山大全集》卷21）。明清两朝以八股取士，读书人更不知治理国家为何物，胥吏专政的情况由此也变得更为严重。那时候，读书人做官，具体的事情却要胥吏做。特别是地方上的事，做地方官的人更要依靠胥吏。因为只有这些人才熟悉地方上的情况，官衙的基层行政也只有他们才懂行，权力势必由他们垄断，以至于各衙门的种种条文也都是他们搞出来的。胥吏熟悉法律，对社会的实际情况也很了解。这两点都是那些做官的读书人根本比不上的。在朝廷六部，以及各官司，胥吏的地位虽然卑微，却因为身居重地，通过种种文案的处分、条例的拟定，在很大程度上把他们个人的意志转化为朝廷的意志；州、县长官以下官吏的选任，通常也由吏部的胥吏来决定；在地方上，胥吏仰仗着官府的势力，可以让乡民逆来顺受；他们在官府年长日久，关系盘根错节，一般都结成了党羽。所以，对这样一批人，衙门长官要想驾驭得好，并不是一件容易的事。他们只知道为自己谋利益；而越是这样，事情就会变得越糟。所以黄宗羲要说："天下有吏之法，无朝廷之法。"也就是说，由胥吏制定的种种条例，其实都是符合胥吏自己的利益的。这就叫胥吏专政。

明朝人对胥吏的问题看得很重，可就是没办法解决。黄宗羲是个很有见识的人，可他所希望的解决办法，就是让那些读书人去做胥吏。在他看来，读书人总比胥吏有道德。钱穆先生曾经讲过这样一件事，说的是明朝有个理学家叫陈龙正的，他的一个朋友到绍兴去做知县，他就写了一篇文章为这个朋友送行。这个陈龙正在文章中说，天下的治乱都在朝廷六部，而六部的胥吏都是绍兴人；这些人虽在朝廷办理文案，但他们的父兄都在绍兴。他希望朋友到了绍兴任上，能够注意教化这些人的家庭，说把胥吏的家庭教化好了，将来胥吏也会变好了；胥吏变好了，天下就能治理好了。（钱穆《中国历代政治得失》，三联书店 2001 年版，第 123—127 页）无论是黄宗羲，还是这个陈龙正，都无法从国家体制的角度来提出解决胥吏的问题，所以只能希望通过教育来解决问题。

总而言之，由于科举选官的目的并不在于选拔治国的人才，那科举制的所谓的“公平”原则，其实也并没有什么实际意义。胥吏政治大行其道，以至于官不任事，事不任官，所谓皇帝与“士大夫治天下”的说辞，其最大的意义不过在于表明皇帝对官僚的忠诚和驯顺的信任程度。但是，皇帝的这种信任，从来就是有限度的。隋唐以来，皇权的强化，在中央是用各种办法来削弱相权，在地方则是用各种办法使地方官无权，其中最重要的一招，就是严格限制地方官任期，以阻止地方官熟悉地方政务。至于胥吏，唯其不入流品，缺乏像读书人那样的社会感召力，虽擅事弄法，却永不足以与国家形成分庭抗礼之势。唯其如此，有清一代，科举选官一仍其旧，而皇帝则甘于“与胥吏共天下”（徐珂《清稗类钞・胥役类》）了。

近人每每称西方的文官制度，因学习中国科举制而来。但是，西方文官制度的作用，与科举制毫无相似之处，倒是稍接近于中国传统的胥吏制度。中国的胥吏制度是用来处理国家具体事务的，西方文官制度也是如此。所不同的是，西方的文官制度，绝对是按照国家的行政法规来处理国家事务的，文官本身并不具备擅事弄法的权力，更不能参与制定政策法规；西方国家对文官的培养，亦即对文官进行规范性的行政训练。这是中国胥吏制度与西方文官制度的重要不同。另外，必须指出的是，胥吏制度除了前面所说的那些弊端，更重要的是这一职事的父子私相传授和私人垄断。一般而言，各部门胥吏所任职事，有种种不成文的惯例必须遵守，有种种特例可为援引；而这些惯例和特例，则由胥吏私人掌握、私相传授。比如，某地土地和赋役的真实情况，只有负责这些事务的胥吏才知道，而成为他们任事的资本。

隋唐而后中国胥吏政治的发展，证明科举本身并不能为国家培养和选拔治国人才，但却是适应专制政治的需要的。中国古代的专制主义政治，其政治运作的一个重要目标，就是消除政治上的竞争者。自秦而后，中国的政治过程有两大特点：就中央和地方而言，则中央不断地被削弱而又不断地强化，地方则不断地强化而又不断地被削弱；就皇权和相权而言，则皇权不断地被削弱而又不断地强化，相权则不断地强化而又不断地被削弱。正是在这两个过程中，中国的行政制度的设置，都以限制官员个人发挥其能力为目标。制度设置的目标既在于限制官员发挥其能力，那么在这样的制度下要有所作为，必然是“变乱制度”，且“一法既立百弊从生”。而所谓“兴一利不如除一弊”的古训，难免不成为后世为官的老生常谈，其准确的诠释，不过是“生一事不如省一事”。东坡诗云：“人皆养子望聪明，我被聪明误一生。惟愿孩儿愚且鲁，无灾无难到公卿。”诗虽调侃，自有说不尽的酸楚。后人仕途磋跌，每以此诗自解，正折射出科举选官的用意。如此看来，清末废除科举制，就具有很强的针对性。盖国家面临万世未有之变局，对于做官的人的要求，首先是能干而不再是驯服；而现代化对人才的需求，更是多方面的。不废除科举，则举天下学子不能不热衷于仕途，求得的是做官权力的所谓公平。至于废科举而兴学校，人才的发展从此不拘一格，于是而追求社会的公平与发展。反思科举兴废，确有许多值得深思的东西。

明史上的几个问题

历史研究，仅仅天马行空不行。既然是研究，总也要尽量落实一点。落实并不难，更没有什么神秘的。我们通常提出一个问题，总要使这个问题能够成立，然后再想办法去解决它，这就是落实的第一步。问题不成立，就谈不到解决的办法，看书很多，也只限于天马行空。比如，杜车别先生要使明朝“税收太低”这个问题能够成立，首先就要确定对谁“太低”。如何平均赋税，这是中国历史的一个大问题。明朝的诸王、外戚、宦官、勋臣和官僚地主，占有大量土地，其中很大一部分都来自“投献”。投献的问题，与明朝的历史相始终，而且愈演愈烈。其原因，就是小民百姓要托庇于那些身份性地主，以逃避国家的赋税和徭役。明末，在一些地方，甚至州县的丞佐、胥吏和生员，都接受投献。投献的情况越严重，赋税和徭役的转嫁也越严重。所以，说明朝“税收太低”，仅仅在这一点上，就是个不能成立的问题，更不要说去解决它了。何况明朝的私租剥削一般都是五五开，此亦足见国家的赋税和徭役加起来，税率要高于百分之五十。还有一个问题，即税率不过百分之十，或者更低，也未必就能说是“税收太低”。因为，我们通常所说的百分之五十的剥削率，是指总产出的百分之五十，而不是除去投入之后的百分之五十。如果除去投入，即便是总产出的百分之十，也是一个相当高的税率了。对这些问题如果都不加以考虑，就来谈明朝的失败与税收太低的关系问题，恐怕是不得要领的。此外，杜车别先生还谈到明朝“商税过低”的问题。其实，元明清（太平天国之前）三代，商税一般都在百分之五以下。明初商税，仅仅“三十取一”。商税低的原因，就是要通商。而通商的目的，与国家实行的货币财政有关，亦即与农业赋税征收货币有关。远的不说，尽管明朝曾一度要以实物和力役作为国家财政的基础，然而仅数年之后，就不得不部分地将赋税和徭役折收货币。折收货币，没有通商不行，通商不充分也不行，减轻商税是促进通商的最方便法门。

杜车别先生还认为，是明亡清兴，导致了中国的资本主义萌芽不能成长。换句话说，如果明朝不为清朝所取代，中国历史又是另一番景象。我无法批评他的这一观点。因为，历史的事实，是清朝取代了明朝。对没有发生的事情所可能导致的结果作理论上的推导，既不能用已发生的事实来推翻，更不能用想象中并未发生的事实来推翻。但我要说的是，明朝的问题很多，清朝未必事事不如明朝。我们都知道，由于钱重物轻，南宋、金、元都大量发行纸钞，而且最终总是滥发；与此同时，则是币（铜钱）质的恶劣和币制的紊乱，以及白银逐渐成为市场交易的硬通货。照理说，明朝继起之后，是应该整顿币制的。但是，它不仅没有下决心整顿币制，反而是继续推行纸钞，还禁用金银，甚至几次禁用铜钱。嘉靖之前，明朝对银矿的开采，总体上是禁止的。只不过为了避免与盗矿者发生武力冲突，明朝也时而允许开采银矿。但每每开禁之后，或因矿徒聚众械斗，或因矿徒武力反抗官吏勒索，总是不得不重行禁令。直到嘉靖六年（1527），明朝才开始着手整顿币制。整顿的手段，是大铸嘉靖钱和补铸历代钱。但是，这些钱一进入流通，又被改铸成质次量轻的劣币，并不能改变币质恶劣、币制紊乱的现状。在这样的情况下，明朝不得不一切以白银为准，以至于一切征银。黄宗羲说，当时的情况是“赋税市易，银乃单行……使百务并于一途，则银力竭”（黄宗羲《明夷待访录·田制》），结果是银贵物贱，以至于物价不抵所值的十分之一。而相比之下，清朝的货币制度却比明朝要好些。清朝只在顺治时，为解决财政匮乏，发行过少量纸钞，但很快就废止了。接下来，清朝则致力于整顿币制，银铜各不偏废，尽可能地平衡铜钱和白银的比价，使流通中的金属货币保持充足；既避免了钱（铜钱）重物贱，也避免了银贵物贱，使清朝的物价能够在相当长的一个时期内，保持在相对稳定而合理的水平上。即此一点，我们恐怕就未必能说清朝灭亡了明朝，其实不利于资本主义萌芽的成长。

明朝的问题很多。明太祖把蒙古人赶回了大草原；为了抵御蒙古对明朝北部边境的袭扰，在今天的蒙古和辽宁境内，设立了东胜、开平和大宁三卫。后来，明成祖把大宁卫让给了蒙古兀良哈部落，以奖励兀良哈骑兵在“靖难”中所立下的战功。明成祖还因为东胜卫孤远，把它也内迁了。结果造成开平卫在兀良哈的压力下，因孤立无援而不得不内迁。这样一来，保卫北京的蓟州、宣府和大同三个军事重镇都直接处于蒙古骑兵的压力之下。英宗正统十四年（1449），大同守军被瓦剌击败，即“震动京师”。后来的“土木之变”，明朝败于蒙古，虽然可以归咎于宦官专权，但与明成祖撤大宁卫而让兀良哈入据大宁也脱不了干系。东胜卫的内迁，也是一大败笔。蒙古鞑靼部后来入据河套，并以河套为基地，攻击明朝北部各军事重镇，即与此有很大关系。黄宗羲说，明朝迁都北京后，经常考虑的是“失天下”，而不是“治天下”，就是由于北京所处的军事形势。黄宗羲还说，迁都北京之后，因为各种物资的“京运”，使明朝的社会经济和国家财政都受到了恶劣的影响，即所谓“江南之民命竭于输挽，大府之金钱靡于河道”（黄宗羲《明夷待访录·建都》）。我们且不说明朝应不应该迁都北京，凡事本就不应一概而论。但是，就这些已存在的问题而言，对明朝已是极为不利。

还有明朝政治制度超前发展的问题。其实，明朝最坏的东西，就是皇帝制度本身。这个制度，使皇帝通过司礼监和内阁，控制着整个官僚系统；它的本质是宫廷政治，而不是我们历来所说的“朝政”。在这样的宫廷政治中，宦官再专权，也不过是皇帝的家奴；阁臣再专权，也不过是皇帝的家臣。所以，宦官专不专权，其实并不重要。宦官专权，并不是宦官本身的问题，而是明朝皇权的问题。正德一朝，宦官干了许多坏事。正德皇帝死前叫司礼监转告皇太后，说国家的事很重要，要与内阁大学士共同商量；过去的事责任都在自己，与宦官并没有什么关系。武宗无后，皇位没有既定的继承人，宦官一时也找不到主子。武宗知道自己若不预先向皇太后求情，他的这些宫奴是凶多吉少。可见，明朝宦官专权的问题，其实不在宦官而在皇帝。嘉靖朝没有宦官专权；因为嘉靖皇帝以外藩入继大统，与宦官并不亲近。但是，嘉靖朝有阁臣专权，严嵩就是一个例子。那时，还有很多的僧道人物，都是嘉靖皇帝喜欢得不得了的，干的坏事也不少。总之，宫廷政治是皇权的私人化，是皇帝用家奴和家臣来治理国家。这样的政治制度，是否就是“超前发展”的呢？明史上，最有作为的内阁首辅，就是张居正，是真正做了点大事的人，是明史上起衰振颓的人物。张居正之有作为，其机缘则在于皇帝尚幼，又有司礼太监冯保的支持，从而把章奏批答的权力、“票拟”圣旨的权力，以及皇帝“批红”的权力，都控制在自己的手中，真正做了一回宰相。张居正是抱着“苟利国家，生死以之”的决心，去改革明朝的弊政的。但是，当时的朝议，却认为张居正违背了做一个臣子（其实是家臣）的本分。张居正死后被追究，罪名是“专权乱政，罔上负恩，谋国不忠”，其实是说他没有做好皇帝的家臣。他是明史上空前绝后的人物。他的这种“空前绝后”，与明朝政治制度的“超前发展”观点是有抵触的。

明史非常有趣，需要重新审视；无论是积极的方面，还是消极的方面。我主要注意它消极的方面，而与杜车别先生有不同的意见，因此提出一些问题和看法。我希望能听到反驳的意见。

同情的理解：评价历史人物的应有之义

历史人物评价，现在常常被人们从历史研究中剥离出来，通过种种方式成为剥离者阐述自己对社会历史的一些意见的道具。这正应了“历史是个任人打扮的小姑娘”那句话，而成为我们这个时代文化上的一种倾向。专业的历史研究者，面对着一个个自己都不认识的“历史人物”，发出自己微弱的声音。但恐怕他们的“还历史以本来面目”，或“还历史人物以本来面目”的初衷，惟其声音之微弱，是不能使那些声音大的人们有所触动的。

现在争论得很厉害的问题之一，是西太后究竟是“卖国”还是“爱国”。因为要个了断，当然就要对西太后的所作所为，即她在政治上是否了得，有所举证。笔者未研究过中国近代史，本不便置喙。但根据常理，我要说西太后恐怕是因为爱国才卖国的，或者说她还只有卖国才能爱国。这不显而易见吗？江山是她的，她不爱谁爱？同理，她不卖谁卖？李鸿章能卖？她不卖，又如何能爱下去？

专业的历史研究者在研究西太后时，要找到西太后爱国和卖国的材料都不难。一种不成熟的历史研究，或者会仅凭西太后爱国的材料，把她定性为一个彻头彻尾的爱国者；或者会仅凭西太后卖国的材料，把她定性为一个彻头彻尾的卖国者；或者很“折衷”很“辩证”，说她是既爱国又卖国。但是，一个成熟的历史研究者，则是在有关西太后的这些截然相反的材料之间，建立起某种关系，从中找到西太后之所以“爱”、之所以“卖”的问题所在。这就涉及那一个时代的历史大背景和人物与制度的基本关系。

评价历史人物的基本要求，就是要把历史人物放到一定的历史背景中加以研究。历史人物评价与历史研究是密不可分的。不研究一个时代的历史，怎么可能对于那一时代的历史人物作出评价呢？就人而论人，就事而论事，与深入的历史研究无关。比如，对于秦始皇的残暴，大家都是知道的。但秦始皇为什么会这样残暴呢？这才是一个历史问题。秦朝统一伊始，始皇帝就说他的国家将“黔首是富”，但秦朝短命而亡的原因却是“天下苦秦久也”。“黔首是富”是始皇帝用来欺骗人民、麻痹人民的，秦始皇是地主阶级的总头子，剥削人民、压迫人民是地主阶级的本性。这样的“阶级分析”固然可备一说，却也显得荒唐。汉朝建立之后，轻徭薄赋，与民休息，是否就是汉朝皇帝违背自己的“阶级本性”呢？

其实，始皇帝的残暴，是有着非常深刻的历史原因的。秦统一天下，要维持天下大一统的局面，要实行专制主义中央集权制度，就必须建立起一整套与之相适应的国家组织，以及与之相应的各种设施，因而必须有大量的投入。就此而言，秦始皇所做的一切，除了修骊山墓和大量修建宫殿这两件事，都是必须的，而且还做得很不够，还有必要进一步加强。此说如果成立，我们就不难得这样的结论，即秦始皇的残暴，是其必须维持并且不断增加秦朝巨大的制度费用的结果。仅仅以秦始皇的残暴，来说明秦朝的短命而亡，是没有意义的。

与秦朝一样，隋朝也是短命而亡的。在经历了几百年的分裂和混乱之后，隋朝重建统一国家，其制度费用的投入同样是巨大的。隋炀帝的残暴，与此同样有着很深刻的联系。隋炀帝开运河，不就是为了调运全国物资，以支持其将政治军事重心放在西北的基本战略吗?

秦、隋都是短命而亡。短命而亡的一个重要原因，就是因为统一初建，制度费用的支出巨大，以致天下不能承受。这就是秦、隋残暴统治的深层原因。评价秦、隋的统治者，如果仅从残暴出发，一些人很可能就是对这残暴大张挞伐，进行所谓的性格分析、心理分析，自以为是用了新方法。但是，如果能够把握住这样的深层原因，对秦、隋之残暴的认识就会丰富起来。当然，秦、隋短命而亡，还有其他的深层原因。我们把握的越多，对其残暴和短命而亡的认识，也会越丰富。

研究历史人物，仅有历史大背景不够，还必须深入到具体的制度层面。以为知道历史大背景，就一了百了，是非常可笑的。读过明史的人，大概没有不知道明朝皇帝普遍都很吝啬。明朝内库储银，从来都是入多出少。只要外库稍有储银，皇帝就急着往内库搬。等到国家经费不足，要内库往外库拨，皇帝就不干了，觉得是主管大臣惦记着他的银子。恼怒之下，皇帝的第一反应，往往就是派宦官到户部各库去搜银子；搜到就往内库搬。一些事实给人的印象，是明朝皇帝如不枕着银子，就睡不着觉。明朝后期，皇帝派宦官到户部搜银子的事，差不多是经常性的。大家都知道，明末三饷是导致明朝灭亡的一个重要原因。

三饷是向老百姓收的。而三饷之外，皇帝还经常要大臣们向朝廷捐献银子。名目有助工、助饷等。明朝灭亡之前，很多大臣都上书皇帝，要把内库的金银充作军饷，但崇祯皇帝死到临头还是舍不得。李自成进京，崇祯皇帝吊死煤山，明朝内库所储的约三千七百万两白银和几十窖黄金，都成了李自成的囊中之物。这种为他人作嫁衣裳的事，为时人所哀叹，于后人为笑料。相比之下，宋朝皇帝同样也有内库，凡外库所余，往往也都搬入内库。但是，每当外库告急，内库即迅速拨出。给人的印象，是宋代的皇帝很“慷慨”。

那么，明朝皇帝如何吝啬，宋朝皇帝如何慷慨，这是不是可以作为一个历史题目呢？我想是不能的。写历史小说，拍电视剧，与专业的历史研究是不同的。对于明朝皇帝的吝啬和宋朝皇帝的慷慨，专业的历史研究所要追寻的，是他们之所以吝啬之所以慷慨的原因。只有那些客串历史且具有惰性的人，才会一言蔽之为宋、明皇帝之性格不同。其实，只要懂得宋朝财政内以制外的制度，我们就可以发现，宋朝财政的外库，虽然同时有几个机构在运作，但都是直接对皇帝负责。故而宋朝皇帝对外库的收支了如指掌，对于外库告罄是否属实能够准确判断。明朝则不同。明朝财政重内轻外，却不能以内制外。这是因为明朝在废除相权之后，内阁不能起到政府中枢的作用，而只是备员内廷为皇帝顾问，还要受宦官的牵制。在这种状态下，政府制度的紊乱自不待言，财政制度也极其粗疏，职能又出于多途。比如，皇帝一方面通过内阁管理户部，另一方面又用宦官分理财政。宦官绕过内阁，领了皇帝的命令，到户部掌管的外库去搜银子；或将外库独立出来，再划归内库，结果是内阁无权直接过问户部的事情，宦官则随时随地侵蚀户部权力。户部的财政职能本就紊乱，又随时受到宦官的扰乱，以致户部尚书无论是否兼任内阁，都无法统理户部。而宦官为了保证和扩张自己的权力，则以户部管理不善为由，怂恿皇帝放手让他们继续侵蚀户部权力。在这种情况下，明朝的皇帝根本无法像宋朝皇帝那样，对户部的收支情况了如指掌。而越是如此，明朝皇帝对户部越不信任，总以为户部隐瞒实际收支情况，却惦记着内库的银子。这样一来，明朝皇帝就显得格外“吝啬”，而不能像宋朝的皇帝那样“慷慨”了。

可见，对于历史人物的行为，必须在一定的制度环境中作具体的理解，才可能对他们的行为有一个正确的解释。想当然地以为无论明朝皇帝，还是宋朝皇帝，反正都是皇帝，所不同的只是个性，而不知皇帝的个性，表现在具体的行为上，与他们各自所处的制度环境，正有着很深刻的联系。

以上所说的对历史人物的分析与评价，还只是在“理解”的层面。而专业的历史学家对于历史人物，除了理解还应当有一种同情。两千多年前的司马迁，他写作《史记》的目的，是要究天人之际，通古今之变，成一家之言的。但是，他并不因为有如此高远的立意，就对自己笔下的历史人物，摆出一副吏狱判案的样子。司马迁的胸怀是宽广的，情感是丰富的。这使他对人性对历史，具有非常敏锐而深刻的洞察力和同情心。他对于自己笔下的历史人物，无论帝王将相、士农工商，或其他人等，都设身处地地给予理解，而不管是褒是贬。我们现在常说对历史人物要有“同情的理解”。其实，司马迁正是这种同情的理解的最伟大的典范。

比如，吕后是个大人物，也是司马迁极不喜欢的人物。吕后的残忍，是令人发指的。但是，对于吕后的种种残忍行为，司马迁并不是仅仅将它们作为吕后残忍性格的证据。如对“人彘”事件的描写，司马迁虽然淋漓尽致地展示了吕后的残忍。但是，他对戚夫人处心积虑地要取代吕后，并让儿子如意取代太子的描写，更揭示了曾几何时吕、戚结怨之深和吕后处境之险，为“人彘”事件的发生埋下了伏笔。

与吕后相比，郭解则是个不起眼的小人物了。这样一个人，对西汉的历史并没有什么影响。然而，司马迁却要为他立传，为什么呢？这就是因为郭解正代表着西汉社会的一个方面。对于这样一个小人物，司马迁在感情上非常投入。在郭解的身上，恰恰就有一种令司马迁十分欣赏的“侠”气。他赞赏郭解“折节为俭，以德报怨，厚施而薄望”，以及“自喜为侠益甚”的风格。显然，存留于郭解身上的某种战国遗风，可以唤起司马迁埋藏于内心深处的某种激情。不过，司马迁最终还是以“阴贼著于心”五个字，点出了郭解和他那一类人，内心深处所隐藏着的某种可怕的东西。郭解的死，是具有戏剧性的。他自己没有犯法，却因有人敢于为他犯法而获死罪。对于他的这个结局，司马迁哀惋至极，可还是借公孙弘之口，说出了他虽未犯法，却不得不伏法的深刻的政治和社会的原因。

在司马迁心目中，将军李广则是一个古典的英雄偶像。对于李广一生不得封侯，他是不平的。但是，读《史记·李将军列传》，跃然于字里行间的，是司马迁在自己的想象中，赋予这位“飞将军”如战神一般的形象。他写李广射虎，写李广的机智、勇敢和善战，是那么生动而传神，使读者在凝神遐思之际，竟如亲临其境。“惜乎！子不遇时。如令子当高帝时，万户侯岂足道哉！”这是孝文帝曾经对李广的赞赏之辞。但司马迁的引用，并没有使人感到他是在为李广得不到封侯而遗憾，而是对李广没有生在一个可以尽情展现其英雄本色的战争年代的遗憾。当李广最终因迷失道路而贻误军机，不得不面对审讯，而为了保持一贯的尊严，选择了“引刀自刎”时，司马迁写道：“广军士大夫一军皆哭。百姓闻之，知与不知，无老壮皆为垂涕。”是怎样的悲痛，能使司马迁的笔下生发如此震撼人心的力量！也许，正是由于曾经经历过李陵之祸的奇耻大辱，使司马迁对李广能以生命捍卫自己最后的尊严有一种独特情怀。但是，即便是对李广，司马迁也不曾掩盖他曾经犯下的罪孽。李广泄私忿而杀霸陵尉，背信弃义地杀害羌人降卒，司马迁都笔之于书。

在司马迁的笔下，同情的理解，不是类己者的小世界，而是天人古今的大世界；不是一己之言，而是一家之言；不是对所爱者的溢美，对所恶者的欲加之罪，而是对历史和人性全神贯注的思问与悲悯。所以，我们对于司马迁，不能说他是属于“贵族的”或“平民的”，或其他什么。在一切方面，他都是那样的超乎其上入乎其中。他对于吕后杀彭越、杀戚夫人、杀刘姓子孙的种种残忍的描写，真正所要表达的，是在人性残忍的背后所隐藏着的那种权力斗争本身的残忍法则，是对人性在权力斗争中所表现出来的残忍和自私的哀痛与悲伤。至于他既能断定郭解内心的“阴贼”，同时又能够由衷地欣赏郭解所展现的“侠”气，赋予他某种人格的力量，则反映出他在理解人性方面所具有的十分健全的心智。而他对于李广的形象和人格的浪漫化，最终又不为他隐恶，分明是在哀伤一个古典的英雄时代的逝去，并且强烈地表达了自己对人性不能完美的感伤。

像某些人那样，从某些固定的观念出发去评价历史人物，是不能对于历史人物有同情的理解的。如五代的冯道。五代是乱世，朝代的兴替如走马灯一般。那时，中国的西、北部，在经过一个半世纪的各种战争的持续蹂躏，已是一片破败；武夫专政，社会奄奄一息。在这种情况下，好官是做不成的。冯道曾在刘守光那里做过官。刘守光于公元 911 年称帝，国号燕。他是个贪残愚蠢的人，冯道用道德仁义来劝他，差点被他杀掉。从刘守光那里逃走之后，冯道又投奔了李存勖。李存勖是李克用的儿子。他灭掉后梁，建立后唐。冯道在后唐做过宰相。后晋灭后唐，冯道又当了后晋的宰相，后出任节度使。后晋为契丹所灭，耶律德光召冯道到开封，任为太傅，后随耶律德光至大漠。后晋节度使刘知远占领中原，建立后汉，冯道又回来，做了后汉的太师。郭威篡夺后汉帝位，冯道立了功，又做了后周的太师。柴荣（郭威义子）继承了后周的皇位，要去攻打北汉。冯道劝他不要去，结果改任山陵使，为郭威修建坟墓。

就这么过了一辈子，冯道却很欣赏自己。他晚年撰文记述自己的经历，连契丹人给他做的官，都一概不漏，还称自己为“长乐老”，可见他得过且过惯了。但就是这么个人，当时及后人都有所称赞。在政治极端无望，世道又极其艰难的情况下，士大夫既无力保持自己的气节，就只好苟活于世了。冯道就是这类苟活者的代表。其实，冯道也希望能有一个明君出现，救百姓于倒悬。当初耶律德光把他召到开封，曾问他有什么办法可以救天下百姓。冯道说，像现在这种时候，就是佛主现世，也没法救了，只有契丹皇帝能救。寄希望于一个外族皇帝能够救苦救难，说明冯道不相信中原还能出什么有作为的君主。对政治的绝望，这是五代时期士大夫的共同特点。在这样的绝望之中，他们不可能保持气节，做好事最多也不过是一时一事，所以对冯道这样的人自不会引以为耻。

宋朝建立之后，读书人希望能够重振士大夫的气节；而国家优礼读书人，涵养士气，其结果之一就是理学的兴起。理学的宗旨，就是要为天下重建人伦。宋代的理学家张载，对于重建这种人伦，讲过这么一句话，叫作“为天地立心，为生民立命，为往圣继绝学，为万世开太平”。我们从中，可以感到一股振作的力量，一种以天下为己任的顶天立地的气概。这就是宋代士大夫的气节所在。北宋欧阳修《新五代史》为冯道作传，说冯道在他的《长乐老叙》中，对自己的一生不以为耻反以为荣，可见是个没有廉耻的人，但由此也可以想见当时的天下国家是个什么样子。欧阳修对冯道的批评，并没有完全不顾五代的历史环境。但欧阳修所处的时代，毕竟是个提倡气节的时代，写史书已不可能像《旧五代史》的作者那样对冯道极尽称赞。《旧五代史》是宋初写的，那时在士大夫中，冯道还是个被人交口称赞的人物。《旧五代史》的作者，对冯道其实是很有些遗憾的，说他不能谥号为“文贞”“文忠”，其实也是咎由自取，但总的评价很高："道之履行，郁有古人之风；道之宇量，深得大臣之体。"后来，范文澜先生对于冯道一生的叙述和评价，则大体上是根据欧阳修的意见。相对而言，欧阳修和范文澜对冯道都还有些理解，缺少的是设身处地的同情，对人性与历史的关系偏重于以道德立论。却不知在五代的那个具体的历史环境中，坚守道德，哪怕仅仅是微乎其微的一点点，将意味着什么。

司马迁而后，历代修史者对自己笔下的历史人物，越来越缺乏同情的理解，史书文以载道的风气日甚一日，到后来干脆就成为完全的载道文字了。正是由于缺乏同情的理解，这些载道文字对人物的评价虽或正确，但对人性与历史的关系已不甚了了。其基本的倾向，就是对历史人物的功过，作三七开、四六开或五五开等等。若非盖棺定论，就是开棺验尸，又好像是断狱之辞。狱吏断狱，当然只能根据法律。这也是法律本身的要求，否则就是枉法。评价历史人物，则不能从固定的观念出发。从固定的观念出发的历史人物评价，或可以为历史人物准确定性。定得细一些的，可以说出某人早期如何，中期如何，晚期又如何；其某事如何，某某事如何，某某某事又如何；还有大节小节、大功小功等等，甚至还可以量化。但是，这样的历史人物评价，对我们的现实生活又有什么意义呢？笔者曾就袁世凯其人请教王家范先生。先生说："袁世凯，他不是一个人，而是生活在被制度环境浸染的一大群人的代表。风气，即是由这些人造成的。搞洋务、新学吃香，就作秀不止；共和之名吃香，就打共和旗号；一旦共和而人心不齐，有人假造民意，'君主立宪'，也就正中下怀。"我想，抛开这些问题不谈，说什么进步与反动，爱国与卖国，恐怕是既不能理解袁世凯其人，也不能理解那个时代的。这又怎么能有助于我们理解中国的历史和现实呢？

历史人物评价，在今天的中国，应该纯粹是一个文化问题。我们不应该也不需要像曾几何时所经历的那样，于历史人物的评价中窥测风向，制造舆论。对我们已逝去的古人的同情的理解，在今天应该成为化育我们新的文化的一个重要方面。专业的历史研究者，当然应该努力去理解历史人物在一定历史环境和生活环境中的内心的感受和作为，这是我们理解人性与历史的关系的基础。也许，同情的理解，对于我们长眠于地下的古人已经不重要了，但它却是一个民族认识自己的最可能的途径。在今天，要说评价历史人物有什么意义，其意义或正在于此。

通史之通与长时段眼光

《吕思勉讲中国史》从中国上古传说时代，一直讲到民国。这部书的编者，以吕先生最晚的一部初中本国史教材为纲，而将先生其他史著中对于相关问题的史事之考辨、分析与论述作为附录，分别系于各正文段落之后，既使吕先生著史的通贯风格得到充分的体现，也充分地展现了吕先生论史的长时段眼光。笔者之前已为此书写过一篇较长的评论，现就其通与长时段眼光再补充几句。

通史尚通，这本是著作通史的题中之义。但是，著作中国通史，真正能够通下来，并不是一件容易的事。历史的每一个时代，都有自己的一般状况。研究历史的人，就其研究的方面，指出其一般状况，若真正下了功夫，大致上还是可以做到的。但中国历史这么长，绵延不绝，各方面又是那么丰富和复杂，通下来就很不容易，要面对一个讲什么和怎么讲的问题。事无巨细，眉毛胡子一把抓，肯定讲不出历史的特点。就好像画人物画不出精神气质，画风景画不出自然韵致，画得再像，其实还是不像。

以下，就吕先生对中国历史的通和长时段眼光的分析和论述，略举两例。

其例一：吕先生论“汉朝的士气和武风”。在正文中，吕先生就这一问题的一般状况，强调汉朝的风气接近封建时代，而民众在心理上憧憬战国以来形成的任侠之气，中流社会中人慷慨激发的很多。除列举张骞、班超这样的人物，吕先生还论及东汉时“这种风气，在社会上竟形成一种清议的特殊势力，而以后魏晋清谈之风，则又是这种势力的反响”。即此数语，至少已涉及上千年历史的传承与变化。其正文之下的附文，引吕先生《本国史复习大略》语，对以上的论述予以进一步说明：

> 封建时代士大夫阶级之特质：（一）自视与平民不同；（二）勇于战斗；（三）不好利。观西汉之世，贾谊、董仲舒之议论可见之。其时文臣如公孙弘、盖宽饶；武臣如张骞、傅介子、常惠、陈汤、李广、李陵、班超等，均尚属此风气中人。但社会之组织既已变迁，风气终必随环境变化而改变，遂至奢侈嗜利颓废。晋初之石崇、王戎、王衍等是其代表。以一时论，无中等阶级为国之桢干，是其弊；以永久论，特殊阶级消泯，是其利。

此段附文配合正文的好处，一是对封建时代士大夫之特质，作了准确而生动的勾勒，从而彰显其特殊的历史价值；二是说明一种社会风气，其所形成的历史环境虽然已经变化，但其流风余韵仍会在新的社会环境中顽强地表现出来，影响历史的进程；三是说明风气无论如何都是要随历史环境的变化而变的；四是强调了社会中等阶级的重要性及其有无和利弊。从这样的角度和历史事实提出的问题，不仅有其深刻的历史价值，其现实的意义和关怀也同样值得深思，并激发人的想象力。

其例二：吕先生论从秦至元明之政治。在正文中，吕先生强调了秦以后君主专制之下政治的弊端：人民无从参与政治，官僚亦因诸事难以措置而生“惰性”；中央与地方难以形成权力的平衡；治民的官越来越少，治官的官越来越多。总结这几个方面，吕先生认为：“专制君主，本不是良好的政体，这二千年来，政治上的受其弊，也可以说是很深了。”而其附文引《中国近世史前编》语，对正文所论作了根本的说明。其大略谓，封建时代的统治阶级为世袭贵族，君主专制时代的统治阶级就是官僚；而“所谓官僚，是合（一）官；（二）士，即官的预备军；（三）辅助官的人，亦分为幕友、吏胥、差役；（四）与官相结托的人，亦分为绅士、豪民。此等人，其利害都和被统治者相反，都是要剥削被治者以自利的”。吕先生就此说到，官僚办事出于公心的，或故意要害人的，总归是少数，多数人不过庸常之辈，“以自己的利益为本位”，惟“社会的组织，使其利害与某一部分共同，他就是个利他者。使其利害和某一部分人相对立，就不免要损人利己了”。由此，吕先生提出了对官员的监督之难的问题，以及这种专制政治的消极性。吕先生的结论是：

> 中国地大人众，政治上的等级，不得不多，等级多则监督难。任办何事，官僚阶级都可借此机会，以剥民以自利。既监督之不胜其监督，倒不如少办事，不办事来得稳妥些。在中国历史上，行放任政策，总还可以苟安，行干涉政策，就不免弊余于利，就是为此。因此造成了中国政治的消极性。

上所述大要：1. 中国历史上的官僚阶级，若从利益关系而言，他们在社会上的人数和力量都不可低估，研究中国的官僚政治不能把眼光局限于一众官僚身上，这是认识中国历史上官僚政治的一个基本的出发点；2. 在这样一种专制君主体制下，对官僚的督责，即便用的都是出于公心之人，以少数人监督多数人，仍难从根本上起作用；3. 当一种制度本身已包含着利益冲突的因素，官僚的损人利己是无可避免的；4. 为防止官僚缘而为奸，国家往往实行放任政策，从而造成中国政治的消极性质。

以上两例，讲的都是中国史上具有通贯性的大题目。吕先生高屋建瓴式的讲解，典型地体现了他的历史的长时段眼光。于此，我们也可以领会《吕思勉讲中国史》之正文与附文之珠联璧合相得益彰的意趣。吕先生是那种往往用一句或几句话，就能把历史点透的史学大家。他论王莽变法的失败，说："根本上注定要失败的事，绝不是靠手段补救得来的。"论宋朝之灭亡，说："两国国力的强弱，不是以其所有的人力物力的多少而定，而是看其能利用于竞争的共有多少而定。"讲的都是一时一事，点透的仍是通贯性的大问题。没有长时段的历史眼光，是不会有这样的通贯的。

南宋是怎样滑入歧路并最终灭亡的

南宋立国，在中国历史上，是有其独特性的。它是北宋的延续，却只拥有半壁江山。这一点，很像历史上的东晋。但东晋皇权极度衰弱，南宋皇权的强化，则较北宋有过之而无不及。南宋自高宗赵构称帝，经孝宗朝，到了光宗、宁宗之世，已是“行暮”之年。然而，即便从宋宁宗去世的1224年算起，南宋离亡国也还有半个多世纪。所谓“行暮”，从何说起呢?

虞云国先生在《南宋行暮》（以下称《行暮》）一书中，总结光宗、宁宗两朝，说：“历史的走势一旦滑入歧路，往往会一路滑下去！”他所说的“歧路”，一是指“权相政治”；一是指两朝皇帝，一个是精神病患者，一个极懦弱无能。作者说，“宋代权相都出在南宋”，“权相政治的接踵出现，不妨说是君主对独裁权力主动授予或无奈让渡造成的”。

按照宋朝皇权专制之下分权制衡的“祖宗家法”，“事为之防，曲为之制”，“权相”原本很难产生。就好像历史上外戚、母后、宦官的专政，在宋朝同样不会出现一样。然而，当宋室南渡，恢复中原无论在朝在野都是一杆可以高扬的旗帜时，高宗皇帝却为了坐稳江山，与金人议和，重用投其所好的大臣。他对秦桧的重用，开了宋朝“权相政治”的先河。

但是，秦桧的“权相政治”，说到底，还是为强化高宗的极权服务的。放手让秦桧搞“权相政治”，高宗皇帝完全有这样的底气。作为一个政治上颇有手腕的强势君主，他熟悉宋朝的“祖宗家法”，绝不会允许权柄倒持。这一点，从秦桧死，一直到高宗禅位于孝宗，再到孝宗禅位于光宗之前，并没有权相出现，便是最好的证明。总之，那时候由“绍兴体制”派生的“权相政治”，对宋朝的“祖宗家法”，不仅不具有颠覆性，而且可以与皇帝配合得很好。从根本上说，这也是宋朝“祖宗家法”的成功所在。

高宗无嗣，禅位于孝宗。高宗是太宗的六世孙，孝宗是太祖的七世孙。孝宗受禅的合法性，是毫无问题的。孝宗北伐，没有保住个人权位的考虑；战败之后，与金人签订隆兴和议，也不至于影响其九五之尊。总的来说，孝宗一朝，国家的各个方面渐臻佳境：“朝廷无事，四方宁谧；士浑厚而成风，民富饶而知义。负者歌，行者乐，熙熙侃侃。”差不多可以说是“与天下安”了。然而，当孝宗禅位于光宗，南宋历史便开始出现了大逆转。这是《行暮》一书的主要论题。

光宗做了十八年太子，熬到四十二岁才做皇帝，胡子、头发都熬白了，孝宗还认为他是个孩子。登基之后，光宗“听言虽广，诚意不加，始悦而终违，面从而心拒”；任人则“邪正并用”；又不孝也不慈，与太上皇和太子都不亲近；对李皇后则唯命是从，甚至惧怕；还疑神疑鬼，容易受人挑拨。他的精神状况，似乎早就隐伏着种种问题，与他受禅之前的经历可能有关。有人以克服私心、胜心和忿心向他进谏。这是他做了皇帝之后才充分表现出来的。至于这是否促发并加剧他精神分裂，则不得而知。

在位五年，光宗最终在一场宫廷政变中，被逼禅位于宁宗。表面上，宋朝的天下不再由一位精神病患者来统治。但是，换上来的皇帝懦弱无能，反而使情况变得更糟。宁宗为人缺乏主见，凡事无可无不可，在知人理政上比发病前的光宗更加无能与浅薄。他还开了一个坏头，就是直接用御笔罢免大臣。他在位时，朝廷上权斗加剧，导致结党；而结党又反过来加剧权斗，如此恶性循环。在这一过程中，权臣韩侂胄因外戚身份和职务之便，比宋朝宗室更方便接近皇帝，也因此能更多地利用宁宗的性格弱点。为了打击一大片，把政敌消灭干净，他不惜以“伪学逆党”编织罪名，然后又企图以“恢复”来招揽人心，结果因北伐失败而成众矢之的，在一场宫廷政变中被杨皇后、史弥远等人所杀。之后，宁宗立志“更化”，却仍旧被愚弄，直到在皇位上去世，而新皇的废立也都由着史弥远在背后操纵。

虞云国先生表示，他要“以帝王传记的形式来表现光宗、宁宗时代”，“把光宁时代作为南宋历史演进的不可或缺的一环”，“写一部时代史”。他认为，在那样的君主专制之下，“帝王就是他统治下的那个时代的缩影”。本着这样一种看法，《行暮》笔下的光宗、宁宗两朝，事皆从大处着眼，又总是从小事着手。通篇叙述，内容丰富，而且非常有节奏感。如写孝宗禅位前的暮气，以及对自己禅位后生活的安排，着墨不多，娓娓道来，却写出一种莫可奈何的悲凉，而一句“安排好家事，他接着又安排国事”的闲笔，便把文章舒缓而意味深长地过渡到光宗的受禅上去了。而对细节的描写，也总是关涉大局。比如说，孝宗决定禅位于光宗，朝中大臣交口称赞，一个叫黄洽的人却直言太子妃李氏不足以母仪天下。这一段，写得很平淡，没有丝毫的突兀。孝宗偏爱光宗，并没有让李氏安分。她的儿子比皇长子的儿子早生，却偏要等皇长子的儿子生了，再向宫里禀报。而她生第二个儿子之前，宫里就传说她怀孕之前，竟梦见自己用双手接着了坠日。做了皇后之后，李氏果然在几乎所有的事情上都极不识体统。她在太上皇和光宗之间挑拨是非。她的嫉妒心和残忍霸道，更令人发指。光宗病情的加重，显然与她故意制造是非和挑唆有关，并影响到整个光宗朝政局。这使孝宗不能不对黄洽当年的忠告耿耿于怀。又如宁宗，登基才一个多月，直接就用“御笔”，将宰相留正赶出朝廷。虽然是一个“小动作”，却开了一个很坏的头：重要决定，绕过了规定程序。后来，权臣凭借着皇帝的信任，或对皇帝的操控，动辄以御笔为名，任意进退大臣，竟成为影响南宋历史走向的惯例，是韩侂胄、史弥远等人提拔亲信、打倒政敌的方便法门。

许多初看上去并不起眼的细节，经过作者仔细推敲，与全局性问题紧密地勾连在一起。就这样，光、宁两朝的重大历史事件，都在《行暮》一书中一一叙述成篇。扣人心弦、令人动容的故事背后，是作者对于大量零散史料的搜求、考证与拼接。而故事之外，更吸引人的，是那些随处可见的知人论世警句。大臣们苦苦向光宗皇帝进谏，指出他的种种问题。作者说：“君临天下时，臣民或只知其君而不知其病，或虽知其病而讳言其疾，把一出中国版的《皇帝的新衣》，从讽刺剧敷演为正剧。所有这些，深刻形象地揭露了君主专制的愚昧和荒唐。”庆元党禁中，一些读书人投靠韩侂胄，为虎作伥，祸害同侪。作者说：“士林败类自甘堕落，其搏噬正人君子的凶残阴险是远过一般鹰犬的。”宁宗无是无非，一切听命于权臣。作者说：“就像一个永远的孩提，始终要寻找强有力的保姆。”后人有“如何一卷《奸臣传》，却漏吞舟史太师”之叹喟。作者说：“究其原因就在于他继秦、韩之后把权相弄政的手法锤炼到炉火纯青的地步。他不仅不像侂胄那样赤裸裸，还比秦桧更狡黠鹰鸷。在编织专政的权力网，让城狐社鼠布满中外的同时，他还擅以爵禄羁縻天下之士：‘外示涵洪而阴掩其迹，内用牢笼而微见其机’，荼毒善类也较秦、韩为轻。”

总之，《行暮》对光宁两朝政治所作的整体性的分析和展示，是成功的。从中可以让人清楚地看到，祖宗朝精心构建起来的皇权体制，比起历史上出现过的那些朝代，运作更加安全。虽然这种皇权专制体制仍有软肋，即不能保证皇位继承人一定符合治国理政的起码标准，“祖宗家法”对此照样无能为力。惟在这样的皇权专制体制下，权柄即便沦于他人之手，江山也不至于改姓。所以，南宋在光宁二宗的三十六年里，虽然已入“行暮”之年，却还要再过五十二年，历经四帝，才亡于蒙古。论者或谓，若非蒙古骑兵南下，南宋仍不至于亡国。是啊！宋朝的专制制度，已经足以抑制其内部的竞争者。正如作者所指出的那样，南宋的“权相政治”，并没有导致权臣篡弑的野心。秦桧没有，韩侂胄、史弥远没有，后来的贾似道也没有。

作者说：光宁时期“整个临安城，整个官僚士大夫阶层，甚至整个南宋王朝都沉浸在一派虚假的安定繁荣中，有滋有味品尝着高度的物质文明带来的优哉游哉的生活。……为数不多的有识之士关于危机和恢复的大声疾呼都被一片舞乐歌声吞没了”。

这真是历史上的一个“往日美好时光”。

在“中兴”中发现历史

两宋的历史，绍兴和议是一重大转折。美国华裔历史学家刘子健教授认为，中国的历史，是在两宋时期，由开放而“转向内在的”。虞云国教授对刘子健教授的《中国转向内在》一书，作了扼要的介绍和很高的评价。并由此就“绍兴和议”所确立的“中兴体制”，作了进一步深入研究。对两宋的历史，虞先生是具有相当全面的理解和把握的。在《南渡君臣》（以下称《南渡》）一书中，他对刘子健提出的南宋高宗朝所形成的君相独裁问题，作了一个完整的解释。全书的中心议题，则是“绍兴和议”的形成、确立，与“绍兴（中兴）体制”的关系。

《南渡》一书，由虞先生关于以上问题的系列论文所组成。所有收入的论文，并不大量征引史料，而是把经过研究并能够确定的事实，简洁明了地表达出来。这种写法，哪怕是一个极小的问题，在阅读、理解、查考和梳理史料上，都会耗费大量的精力。写在纸上的，往往不过寥寥数语。如此，要写成一篇几千字，或者上万字深入浅出的文章，以至最终成就一本二十余万字的集子，全凭长期的学术积累，而用的却都是举重若轻的功夫。在史事的叙述方面，虞先生则更倾向于让读者自己去与相关的“历史事实”交谈。常常是论在史中，隐而不显。

以下是笔者对《南渡》一书的概要介绍与阅读心得。

一、关于“中国转向内在”

对刘子健《中国转向内在》的基本思想，作者首先点明了该书的几个基本观点：所谓“宋代近世说”的关键性错误，在于以欧洲历史为度量衡；并且过分强调经济因素；而根本的问题在于 11 到 12 世纪，宋代“新的文化模式经过沉淀和自我充实后，转而趋向稳定、内向甚至是沉滞僵化，并在实际上渗透到整个国家，其影响一直持续到二十世纪初期”。作者提醒说，刘先生强调的是，就整个宋代而言，“北宋的特征是外向的，而南宋的特征却在本质上趋向于内敛”；而根本的区别，则在于“就经学与儒家思想而论，北宋‘具有挑战性和原创性’，而南宋则‘缺乏学术的多元性和创造性’，或者说‘11 世纪学术发展的特点是其先锋性、开拓性，而 12 世纪的学术成绩则主要在整合方面’，甚至连朱熹主要也是‘将前人解释系统化，而非新创’。总之，南宋学术文化的‘发展趋势再也不是外向的了’”。

以上问题，简而言之，就是北宋学术的外向，从根本上说，是思想上的多元、创新；南宋学术的转向内在，则是排斥思想上的多元和创新。至于“中国转向内在”的主要原因，作者指出，刘子健先生的根本看法，就是“专制权力的扩张”。为此，作者介绍了刘子健先生提出的君主政体的四种运行模式。这四种模式，前三种，以皇帝和宰相控制各级官僚参与决策和行政的不同程度为标准；第四种，就是“君相独裁”模式，即宋高宗与其代理人秦桧大权独揽，压制甚至镇压持反对意见的其他官僚与在野知识分子的模式。

但是，同样引人深思的问题是，君主政体运行模式的演变，并非纯粹来自专制制度本身的自然演进，而是由其他一系列重要因素促成的。以南宋为例，正是金人入侵，以及朝野士大夫把亡国归咎于王安石变法这两个因素，促成了“道德保守主义士大夫群体”的形成，并与现实主义的士大夫群体，在推崇政治理想和更注重实利的问题上形成政治冲突。在刘子健看来，这样的两个群体，前者“可能会产生鼓舞人心的领导，阻止滥用权力；但是，也可能导致品评人物时的狭隘和自以为是，造成错误评估甚至根本忽略政策的实际影响的倾向”；而后者“可能导向推行有益的改革政策，也可能导向机会主义的泛滥”；精于权术的宋高宗，正是借助于前者的力量，“关闭了通向全面改革或任何机构变革的大门”；又借助后者的力量压制前者，从而巩固自己的权力，为与金人和议，打击和排斥主张向金人发动军事进攻或积极防御的文臣武将，并为最终选择秦桧这样的人全权负责和议创造条件；结果，就是一种独裁式的“君相政治”，使得“专制君主的权力空前膨胀，可以无须官僚机构的介入而作出不可逆转的决定”。

毋庸置疑，这种君相独裁的政治形成之后，便成为南宋一代君主专制的特点。而新儒学在这一“中国转向内在”的过程中，逐渐由一种民间的学问，转变为正统官学。作者指出：“著者认为这是‘得不偿失的胜利’，他们必须饱尝胜利所带来的后果：新儒学被本学派在意识形态上的优越感所左右，也开始‘习惯于压制政治上的批评声浪’；当新儒家在政治建议得不到推行时，就会反躬自省，寄希望于未来；它‘很久以前曾经是新生事物’，而现在最终失去了变革的力量。”诚如刘子健先生所说：“国家权力始终处于传统中国舞台的中心。中国文化的命门存在于政府和意识形态（政教）当中，其混合体决定着其他一切，包括经济领域。”在这种情况下，即便生产力在提高，贸易在拓展，重商主义在张扬，以及正在发展的城市化，都不能促进变化。作者对此的评价是：“企望通过经济的发展来熔化那个坚固僵硬的混合体，只是一厢情愿的痴人说梦。”

从来研究宋史的学者都强调，鉴于唐朝中期以后以及五代的藩镇割据，到了宋朝，便转变为把军政、民政、财政、司法等各项权力收归中央，而国家设立制度的原则和方法，就是“事为之制，曲为之防”，即不使制度的设置，让做官的人有机可乘，缘而为奸。总之，君主专制集权，如没有对权力使用的严格制约，是不能长久的；而北宋集权的方式，就是按历朝历代的老办法，更严格地把统归中央的各项权力多端拆解，提高其相互制约、层层设防的程度，使之更便于皇帝独揽大权，使政府各部无论决策还是行政，皆不得专制。这样一套制度设置，终于使北宋摆脱了“三代而后，汉与外戚共天下，唐与女后、宦官共天下，魏晋以下与膏粱子弟共天下”的局面，从而为皇帝“与士大夫治天下”创造了条件。

其实，历史上，皇帝无论与哪一类人“共天下”，形式上总是与二、三大臣“治天下”；而真正有那么一点与士大夫群体“治天下”的局面，确实是从宋代开始的。张载所谓“为天地立心，为生民立命，为往圣继绝学，为万世开太平”的天下意识，在很大程度上也就是北宋士大夫治天下的群体意识。唯其如此，理学昌盛于北宋；而王安石变法之前，北宋士大夫中的君子声势远远盖过小人，是完全可以理解的。但是，北宋到了后期，由于变法和反变法两派争斗，终于形成了严重的朋党，变法本身则纯粹演变成为朝廷聚敛工具。这样的风气一开，北宋晚期的历史，就从皇帝“与士大夫治天下”，向着“与奸臣共天下”转变。但是，体制上的皇帝“与奸臣共天下”的完成，还需要某种历史的“因缘际会”。

二、“绍兴和议”

皇帝“与奸臣共天下”，北宋的政治便一发不可收拾，以至于金人入侵，北宋覆灭，徽、钦二宗北狩。唯此，收复故土，迎回徽、钦二宗，便成为南宋高宗承继大统之合法性的必要前提。

然而，正是在这一问题上，高宗进退两难：收复故土，迎回了徽、钦二宗，自己凭什么做这个皇帝呢？毕竟父兄是君，他只是臣。而那些声称要收复故土，迎回徽、钦二宗的文臣武将，又将效忠于谁呢？特别是那些实力雄厚的将军专横跋扈的样子，也使高宗对他们的忠诚充满疑虑：一旦收复故土，迎回二宗，这些人又将何去何从？何况“维扬之祸”时，高宗因惊吓竟失去生育能力；之后，他的唯一的儿子又病死了。皇帝没有了子嗣，总也不是什么安定因素吧。总之，故土之不可收复，二宗之不能迎回，高宗有他自己对切身利益的考虑。与金人息战议和，才是他最好的选择。但是，这样一来，承继大统的合法性，确乎成为问题。只有收回武将兵权，扫除朝廷中所有反对议和的人，才是他首屈一指的选择。

“绍兴”是高宗在位的第二个年号，前后32年。“绍兴和议”，是这一时期，高宗最根本的大事。围绕“和议”而形成的南宋“君相独裁体制”，亦即“绍兴和议体制”，就是在这一时期建立的。其特点，用一句通俗的话来概括，就是“一切为了和议”。这样的考虑，其实在高宗建炎年间（1127—1130），就已经开始了。其时，金朝南攻甚急，伪齐刘豫为之前驱。另一方面，北方地区抗金武装遍地，而南宋有战斗力的军队都在各军事将领的麾下。南宋得以生存，正得益于这两种军事力量的存在。但也正是这两种力量的存在和膨胀，成为高宗的心腹大患。所以，当金军的攻势被遏制住后，高宗就要解决这个问题。对北方抗金武装，高宗采取的办法，就是对他们的抗金活动不予支持，甚至以种种背信弃义的手段加以牵制和削弱。而对南宋的各路军队，高宗既要用他们来消灭造反的民众武装，又要把他们对金人的军事行动限制在仅仅对自己有利的范围之内，并谋划尽快收回各路将领的兵权。1130年，秦桧携妻、子和随从从金人那里逃回。他向高宗进言：“如欲天下无事，须是南自南，北自北。”他说的“无事”，就是指高宗要想坐稳皇位，就必须与金人议和。后来的种种迹象表明，秦桧与金人有着某种暗中联系；而高宗与他一拍即合，似乎也与此有关。从那时起，高宗就着手排除一切干扰，必欲让秦桧独掌大权，然后主持与金人议和。

历史的进程，当然不会是任由高宗和秦桧来把控的。事实上，宋室南渡之后，没有出现过像东晋那样的门阀政治，也没有出现过唐朝安史之乱以后那样长期的藩镇割据。这在很大程度上，要归功于宋朝在制度设置上的“事为之制，曲为之防”，以及皇帝“与士大夫治天下”的文治传统。这样的制度与传统，在经历了约160多年之后，对宋朝文武百官的影响，已经十分深刻。如1129年初，南宋皇家御营司将领苗傅、刘正彦发动兵变，逼迫高宗退位。这次政变，与之前发生的“维扬之祸”，仅隔一月。当初，宋室南渡，高宗滞留扬州十五个月，一味纵情声色，沉湎于扬州的繁华，对南北军民的抗金活动则百般地加以阻挠和牵制。及金军兵锋突至，高宗仓皇渡江而逃，完全置扬州军民于不顾。市民争门而出，死者相枕。十几万军民在瓜州，“奔迸堕江而死者半之”。金兵还放火烧城，城中幸存者仅数千人。这件事是激起天下公愤的。苗、刘政变时，煽动天下的第一条理由，就是要高宗为此浩劫承担罪责，并进而质疑高宗承继大统的合法性，斥责他让“社稷存亡悬于金人之手”，自己却“安然坐视，又无措置”。但是，出乎意料的是，苗、刘政变遭到南宋在外大臣和军队毫不犹豫地抵制。勤王的军队迅速平息了政变，使高宗得以顺利复位。

在南宋文臣武将的普遍意识中，政变本身是不可接受的，做臣子的必须尽到效忠皇帝的本分。在这一关键点上，形势确实与以往发生了根本性变化。北宋一个半多世纪的皇帝“与士大夫治天下”，结果就是士大夫群体成为君主专制的政治基础，对专制君主的忠诚则成为一种不可移易的文治传统。也正因为如此，制度上的“事为之制，曲为之防”的祖宗家法，起到持久而有效的约束作用。另一方面，国家长期以文臣掌军事，重文轻武的体制，以及士大夫的忠诚，也已为武人所习惯而遵奉。所以，南宋的军队，表面上或称为“岳家军”“韩家军”“刘家军”“张家军”等，但统兵的武将，仍以对朝廷的忠诚作为自己必须坚持的道德责任。

事情当然也还存在着另一方面。正如作者所指出的那样，南宋初年“兵权经历了一个由分到专的过程，日益集中到少数将帅手中”；“诸大将之兵浸增，遂各以精锐雄视海内”；各皆以一身而兼二镇，甚至三镇节度使；许多例由文臣担任的军事职任，则改由武人出掌；武臣甚至还干预某些军事机关文臣的任命，以及自选僚佐和任免州、县长官。这样的情况，任其发展下去，历史上藩镇割据的局面亦不难重现，皇帝本人被取而代之也是题中之义。对于这一问题，不仅高宗意识到了，南宋的士大夫们也都意识到了。作者认为，“在对金和战上左、中、右各个不同派别的大小文臣几乎都卷入了削兵权的政治漩涡”；高宗表面上“以高官厚禄、土地财货从政治经济上对武将进行拉拢，在兵权上也不时做些姿态，甚至对岳飞有过‘势合则雄’的许诺”，以示朝廷对军人的完全信任，实际上却利用各派文臣的一致拥护，通过撤销镇抚使、分散都督府兵权、禁止武人出掌州县官、压低武臣所得荣衔的序班等措施，迅速地恢复了重文轻武的祖宗家法。在这一过程中，高宗甚至还成功地利用了那些拥有实力的军事将领之间的矛盾，对他们各个击破。而当高宗终于收回兵权之后，便开始肆无忌惮地削弱文臣的势力，建立君相独裁，让秦桧独揽大权，打击、镇压一切敢于与朝廷持有不同意见的朝野士大夫，从而将南宋导入与金人议和的体制之中。

在《南渡》一书中，作者对高宗怎样一步步收回兵权，又怎样排斥、打击对金人力主进攻或积极防御的两派大臣，以及最终让秦桧独相来实现自己意志的过程，作了详细而有说服力的分析和论证。值得强调的是，在文臣坚决要求削弱武臣兵权，而武臣仍忠于朝廷的形势之下，高宗要收回兵权并非难事；而通过“绍兴和议”，高宗与秦桧的“君相独裁”，把长久以来所形成的皇帝“与士大夫治天下”的政治基础，以及忠诚于君主的文治传统彻底破坏了；从此，皇帝“与奸臣共天下”的政治基础形成，而成为“中国走向内在”的一个重要起点。

三、“绍兴中兴”

“绍兴和议”，或称之为“绍兴和议体制”，毕竟是以放弃收复故土、迎回二宗为代价的，无论如何称不上“中兴”。《南渡》的作者认为，所谓“绍兴中兴”，无非是高宗和秦桧为确立“绍兴和议”的历史地位而虚构出来的；只要鼓吹起“中兴”的舆论，“绍兴和议”本身亦不失为高宗承继大统的合法性证明；而秦桧与高宗“在维护与吹捧议和体制上，必须同舟共济：宋高宗对于继统合法性的自我标榜与对‘中兴之主’定位的向往，亟须秦桧参与炒作；秦桧对独相专政久暂的紧张与此生功罪臧否的担忧，更取决于高宗的用舍与意向”；及和议完成，秦桧得以挟高宗自重，其实也是高宗对他的奖励；高宗对秦桧的加官晋爵和种种表彰，也都被秦桧用来塑造自己“中兴之臣”

的形象；这对秦桧“以专政为大棒，以利禄为诱饵”，让一帮趋奉帮闲文人为他大树形象，“标榜自己在辅佐皇帝与缔造体制上的丰功伟绩”创造了条件。

对于如何型塑高宗为“中兴之主”，秦桧最大的功绩就是“热捧（中兴）体制”，称高宗为“帝王之式，古今之师”。高宗则“毫不谦让地以身兼‘君’‘师’的双重地位，将自己与孔子混而为一，至于以‘贤于尧舜，日月其誉’自我点赞”。作者认为，高宗“旨在让南宋臣民潜移默化地接受这样的评价”：“高宗缔造的文化与政治复兴，‘贤’于王朝建立者宋太祖与宋太宗的成就”（引蔡涵墨《历史的严妆》中语）；秦桧吹捧高宗是“纯王”，则意在把自己定位为“王佐”，与高宗“共成一王之业，必无邪杂背违于儒导者也”；而镇压那些“背离或有害‘共成一王之业’的人”，也都具有不言而喻的合法性。秦桧还强调，“文王之文，孔圣传之，所谓文在兹者，盖道统也”。作者指出，秦桧的这个所谓的“道统”，“不仅将政统与学统合而为一，即宋高宗在政治上继承文化，在文化上直接孔子；而且在为高宗提升地位的同时，也为自己预留了历史的定位（贤相）”；和议体制一经建立，他就以独相的身份，肃清敢于反对他与宋高宗对金投降苟安政策的朝野士大夫；而他与高宗篡改历史的程度，亦与他们作恶的程度成正比。以高宗与秦桧禁毁从北宋灭亡到绍兴和议体制确立期间的私记野史为例，作者还深刻揭露了秦桧“乞禁野史”，高宗以私史“尤为害事”，发动了一场严禁野史私记的全国性扫荡；宋朝历史上的“因人禁书”，于是变成了“因书禁人”；并造成“士大夫有告言连坐之风，一或抵罪，家破名灭”的残酷文字狱。

高宗当然清楚，他和秦桧是得罪了一大批人的。秦桧一死，他竟迫不及待地私下里表示，自己也终于有了安全感。言下之意，秦桧的作恶，他也是一个受害者。但是，在正式的场合和文字中，高宗始终肯定秦桧，称赞他“力赞和议，天下安宁，自中兴以来，百度废而复备，皆其辅相之力，诚有功于国”。可见，他与秦桧的私下“切割”，不过是为了欺骗舆论，维护自己“中兴之主”的形象。然而，他的这种做法，使关于秦桧的私记野史，在秦桧死后便“开始流播，逐渐勾画出他的负面形象”。据作者的分析，参与这种重塑秦桧形象的，是与秦桧同时代的朝野士大夫及其后人，以及普通底层民众；“这种集体记忆的唤醒、发掘与传承，实际上折射出一种民意”，经过“不断叠加而逐渐丰富”；至李心传作《建炎以来系年要录》，“以自己的史德、史才、史识对传世史料进行了去伪存真的考辨、去粗取精的梳理与由表及里的解释，尽最大可能逼进了秦桧专政的历史实相”。这里，作者所要强调的是，秦桧的那些自我塑造，并不能推翻其身后私记野史的通性真实；更无法撼动李心传“对秦桧专政形象最终完成了专业化史学的再型塑”；而作为本朝人，李心传肯定高宗与秦桧切割的某些记录，则不能认为是出自高宗真心。

从南渡之后，高宗就不断地讲“中兴”。但是，一直到绍兴和议达成之前，所谓的“中兴”，无非是为苟安作粉饰。而当和议终于完成之后，“中兴”就成为和议体制的意识形态，是高宗承继大统的合法性，即所谓的天命所在。所以，在经过“将近六年的政治的整肃与舆情宣传”，之后连南宋举子们在考试答策中，“凡涉中兴语义都知趣地指向绍兴和议与绍兴体制”，种种关于中兴的语境无非是“掩蔽灾异，缘饰祥瑞”。也正是在这样的语境中，反对和议的朝野士大夫受到了越来越严厉的清算。“借助政治强力（君相独裁）宋高宗与秦桧的中兴语境已成功干预了舆论的走向”。而在营造这种中兴语境时，秦桧至少达到了三重目标：“一是通过对中兴内涵的威权性规定为绍兴体制打造合法性；二是进而以维护绍兴体制为借口，严厉清算与整肃对绍兴和议及其权相专政持有异议的所有政敌；三是借助牢牢掌控的中兴话语权，在将宋高宗抬为中兴圣主的同时，也将自己型塑为中兴圣相。”其结果，则如南宋史家吕中所说：“桧之身虽死，而桧之心未尝不存。”作者对此的解释：“就是继续没有秦桧的秦桧路线。”

为造成刷新政治有望的假象，高宗在秦桧死后，还宣布实行“更化”。但他所谓的“更化”，不过是把当初秦桧独相时自己故意旁落的大权收回，并斥退了一些秦桧党羽，对中兴体制决不做任何程度的改变。说到底，“绍兴中兴”，毕竟是高宗的事业。高宗的小算盘总是打得很精：抗金总以有利于苟安为底线；苟安就是“中兴”之道；和议达成，就是“中兴”的实现。所以，秦桧既死，高宗部分地平反一些他和秦桧一起制造的冤案，并把罪愆推给秦桧，却坚决不给被他杀害的岳飞平反，也决不起用那些当初反对绍兴和议，而仍活在世上的如宰相张浚之类的大臣，以免重新唤起朝野恢复故土、迎回钦宗（徽宗已死）的呼声。无论如何，“中兴”的舆论还必须继续地制造下去，关于“中兴”的题目还要继续地做下去。

“一桧虽亡，百桧尚存”。高宗与秦桧的君相独裁，上上下下不知起用了多少秦桧似的小人。“绍兴中兴”就在这种皇帝“与奸臣共天下”的政治基础上，又苟安了七年。期间，高宗曾反复强调“中兴体制”是基本国策。在一道诏书中，高宗郑重声明：“朕惟偃兵息民，帝王之盛德；讲信修睦，古今之大利。是以断自朕志，决讲和之策，故相秦桧但能赞朕而已，岂以其存亡，而有渝定议耶！”他严厉警告敢有妄议中兴体制者，必当严惩不贷。直到金朝迁都燕京，并完成了官制改革，正欲挥师南下，高宗仍一味求和，一味对金人委屈示好，一味苟安于他与秦桧所虚构的那个“中兴”的幻象之中。绍兴三十一年（1161）五月，金朝向南宋提出两国以长江为界，意即南宋必须割让江淮之地。这时，南宋才着手防备即将到来的金朝军事入侵。是年八月，金主完颜亮兵分三路进攻南宋。然而，战争一开始，金军内部就发生了要另立朝廷的军事反叛；而后，南宋凭借水战优势，在采石击败金兵主力；再后来，金主完颜亮被叛军杀死。这一次，南宋终于侥幸取得了对金战争的优势，高宗不必如原先所准备的那样，“幸蜀”或是“赴闽”了。

然而，侥幸取得的胜利，只是为高宗继续与金人议和加分，和议原则竟是“正复屈己，亦何所惜”。打了胜仗，却还要不惜代价“屈己”求和。这其中，也是包含着某种历史惯性的。宋朝自建立以来，对于外敌入侵，一直有软弱求和的倾向。而这种倾向之由来，甚至可以追溯到唐、五代的藩镇割据。正是从那时以来，内忧重于外患，已成为专制统治者的基本意识。

南宋伊始，高宗和秦桧对金人的屈膝求和，其防止军人势力膨胀的用意，虽说是出于现实的需要，却也未尝不是历史惯性的支配。这一次，尽管南宋在军事上取得了优势，高宗仍不惜代价地“屈己”求和，与绍兴和议体制所形成的惯性固然关系极大，却也与长期以来内忧重于外患的惯性思维相符。换言之，“绍兴中兴”虽说是和议体制的产物，其中却也隐伏着某种长期的历史趋势。

绍兴三十二年（1162）六月，高宗在确定宋、金“终于归和”的基调之后，将帝位禅让于宋太祖七世孙赵昚，也就是南宋史上的孝宗。孝宗登基，改元隆兴。新皇帝在做太子时，就曾想在恢复故土上有一番作为。而登基之后，他便起用当年被赵构弃而不用的张浚。但他的这种作为，遭到太上皇的强烈反对。其直接的原因，就是在太上皇看来，新皇帝的这种作为，必然会导致对绍兴和议体制的否定。及隆兴北伐失利，宋金又重开谈判，太上皇坚持要求孝宗一切委曲求全，全盘接受金朝的领土要求，并按照绍兴和议之旧仪，由孝宗亲自起身，从金朝使者手中接受国书。太上皇的目的，就是要逼迫孝宗从此严格遵循绍兴和议体制，不使“绍兴中兴”的历史形象有半点蒙尘。其时，太上皇俨然凌驾于孝宗皇帝之上。他一再告诫孝宗，北伐对金人不过事关胜负，对南宋却是关乎存亡。孝宗对“太上圣意，不敢重违”，“北伐之意弗遂而终”。

读罢《南宋君臣》，其万端感慨似可以归结为两点：绍兴和议，是南宋的历史宿命；而绍兴中兴的历史宿命，则是“中国转向内在”。

无所不在的宦官与明朝“双头马车”政治

美国华裔学者蔡石山所著《明代宦官》（The Eunuchs in the Ming Dynasty），由纽约州立大学出版社出版（1995）。其中文译本（译者黄宗宪），先后由台湾联经出版公司（2011）、浙江大学出版社出版（2019）。

一

国内明史学界对明代宦官的关注，向来集中在宦官与明朝专制政治的关系上；对于明朝宦官的各种活动，则强调他们作为皇帝代理人的身份。这两个方面，二十世纪五十年代初出版的丁易的《明代特务政治》，已有比较完整的把握。对于明朝的宦官专政，治明史者向无正面的评价，对阉宦之人亦皆鄙视。这样的研究立场，在各种有关明朝宦官活动的论文，或明史专著的相关章节中，多有体现。真正受到好评的明代宦官，只有郑和等少数人。蔡石山教授指出，这样的研究，对明代宦官这样“一个庞大的执政群体”来说，是不公平的；观念上仍受中国传统史家的影响，是落后的。在他看来，明朝在政治上实行“双头马车”统治；宦官的体系是一侧；传统的文、武体系是另一侧；皇帝居中驾驭，左右平衡，以维护自己的政治安全。

在本书的绪言中，作者指出：中国历史上，士大夫们的政治理想，要么追求“无法实现的乌托邦”，要么“鼓吹圣王政治”，“这些自视甚高的士大夫一再处于和宦官水火不容的对立局面，倾向于将死对头描写为贪婪、邪恶、寡廉鲜耻之徒，把天下之恶归于受人鄙视、可恶的宦官身上；但其实，社会种种弊病的根源，正是中国士大夫所欣然效命的帝国体制。这两群人在整个明朝时期碰撞、互动、冲突，在将近250年中争夺帝国机器的控制权。与这种陈义过高的理想和派系对立有密切关系的，乃是中国士大夫的怯懦和缺乏革命传统。因此，中国史家鲜少公开且不屈不挠地抨击专制政体和专制政体所催生出的暴政，反倒挑出宦官当替罪羊，不愿把这个粗俗的群体视为社会、政治综合体”。在作者看来，所有这些关于宦官的“骇人听闻的故事和权力倾轧，应放在中国专制政治统治的背景下探讨，而个人的行为也应从专制体制的角度重新检视”。

二

说到皇帝重用宦官，这在很大程度上，是专制体制的本性。去势之人，在社会上向来受人鄙视，政治上则孤立无援。他们的荣华富贵全凭皇帝的宠幸，当然也就最容易得到皇帝的信任。中国实际的历史事实则表明，虽然宦官不可一世、专权擅政的事屡见不鲜，但宦官篡夺皇位的事情却从来没有发生过。不像皇亲、母后和外戚之类人物，各因其政治地位而拥有广泛的社会基础。一经得宠，在政治上和社会上，都可以呼风唤雨。而在专制体制之下，他们得宠的另一面，就是伴君如伴虎。宫廷之中杀机四伏，而他们则因拥有某种政治和社会优势，与皇权发生冲突。这一方面会使他们处于不得不然的骑虎之势，另一方面也会使他们生出难以抑制的政治野心。所以，历史上谋夺皇位的往往就是这些人。当然，若说最需防范的，还是武人。武人握有兵权，使掌京师，则必为心腹之患；使镇守四方，则难免尾大不掉。说来说去，在中国历史上，只有出身贫寒的读书人，和宦官一样，是靠皇帝给官做的。在社会上，读书人与宦官不同的，就是他们一般有好名声。但是，若出身寒微，仅仅做一个书生，好名声也是假的，不会有什么实际的社会地位。汉武帝时曾不可一世的主父偃，做官之前，身无长物，寒酸得很。据他自己说，连父兄都很瞧不起他。汉元帝、成帝时，读书人在社会上地位大大提高。一个叫王章的贫寒书生，后来也做过大官。但他在做太学生的时候，生了重病，也只是与妻子以“牛衣”取暖。势单力孤，可怜之至。总之，贫寒的读书人只有做了官，才会在政治和社会上形成势力。但是，他们一旦做了官，就容易在官场上结党营私。严重的，则只知有朋党，而不知有朝廷。这种情况，在科举选官，士大夫皆出草野之后，变得更为突出。所以说，用起来最顺手的，从来都是宦官，而且弃之可如敝屣。因此，到了明代，洪武皇帝立下规矩，不许宦官干政，而且连识字也不许，结果还是形成了一整套的宦官执政体系，代表皇权对官僚体系进行监督和制约，甚至代行其政。

三

由于万事皆仰宦官，明朝宦官的数量非常大。这种情况，明朝建立不久就开始了。那时，无论宫廷和社会对阉人的需求都很大。而社会上的私阉风气之盛，为明朝大量地使用宦官提供了条件。这两个方面，《明代宦官》的大致叙述如下。

洪武开国之后不久，明朝宫廷中宦官人数就开始增多。虽然朱元璋曾立下宦官不得干政的规矩，但是“每次整肃士大夫时，洪武皇帝都在有意但不情不愿地晋升宦官的职位。到了十四世纪八十年代，宦官不仅成为皇帝整肃、监督官员的工具，还成为明朝专制政治的祸根（请读者注意，作者对宦官仍使用‘祸根’一词，反映了本书并不一意为宦官专政开脱）”。仅在洪武时期，随着各种事务的增加，宫中的宦官机构竟迅速增加至十二个；而且，随着几十个皇子、公主陆续长大，需用的宦官也在迅速增加。洪武皇帝在位期间，还曾两度提高重要宦官机构的级别，可见他自己也已经开始重用宦官；而“长期看来，他所种下的专制祸根，还要相当多的宦官灌溉滋养，才会茁壮成长”。而在后来的时期里，明廷的宦官机构，增加到二十四个，成为明朝第二大政府机构。每个机构都有自己的各级长官及其僚属，和他们各自的仆人。总之，无论是宦官机构的级别提高，还是专门机构的增加，都会增加对宦官的需求，以至于大量宦官成为明朝中后期沉重的财政负担。

明朝所用宦官，最初或为各朝贡国贡献的阉人，或为军队阉割的边地作战中擒获的俘虏。当时社会上，用阉人为奴为仆的情况，也很普遍。富人、贵族、宗亲和文武官僚，多习惯于这种极为残忍、恶劣的风俗。而对于穷人来说，通过私阉，争取到富贵人家为奴仆，也不失为一条活路；若谁能有幸得到主人家的宠爱，还可望改变家人的境遇。私阉的人，当然更希望能有机会到宫中当差。明廷曾经三令五申，禁止民间私阉，并对私阉者施以刑罚和流放，但私阉的势头仍控制不住。自阉的人越来越多，成百上千的阉人涌入京城，聚集在宫门求职的情况不断发生。虽然，只有少部分人侥幸被挑选入宫，却鼓励了更多的人私阉，以至于出现阉人大量过剩的问题。到明朝成化年间（1465—1487），距开国不过百年，“自宫者已成为令人头痛的政治问题和恼人的社会问题”。明末，1620 年，竟有差不多 2 万人涌入京城，请求入宫。作者指出，私阉者如此之多，“主要不是衰败不堪的经济所造成的，而是堕落、两极化的社会所致”；“在残酷、恶劣的体制里，比起苦读儒家典籍、写八股文并且通过层层科考的方式，这么做反而更容易从皇帝那里找到工作”。后者说得很损，却是事实。明朝英宗时的秉笔太监王振，就是读书人阉后进宫的。终于是一人之下，万人之上。这是大家都熟悉的。

四

本书将明代宦官定义为“一个庞大的执政群体”，是极符合明朝的历史实际的。历代多有宦官专政的事，但是像明朝这样，宦官数量之大，体制之完备，活动遍及内政、外交、军事、情报、司法、监察、经济、贸易、水利等各个方面，从宫内到宫外，从朝廷到地方，几乎无处不见他们身影的情况，却是绝无仅有的。那么，这样一个庞大的执政群体，较明朝的文、武官僚系统，又有哪些长处呢？

首先，宦官与明朝的军事制度，紧密相连。除了钦命宦官去查核军官是否称职这种特殊做法之外，一般的制度是让职业指挥官与统兵宦官一起带兵。明朝将大部分军力，布置在绵延数千公里的长城沿线；重要的驻军地点则无不处于宦官的严密监视之下。在京城，京军三大营之精兵，也全都由宦官统领。司礼监的统兵权，则在兵部之上。那时，连设在边地交易进口马匹的茶马司，也都由宦官掌管。设立这种宦官统军的制度，是出于对武人极度防范的心理。有明一代，一些统军的宦官能够为朝廷立下战功，也与这一制度有关。

从限制武人的权力，保证皇帝的安全来说，这种宦官统军的制度是成功的。然而，有明一代的军事不振，很大程度上也与这种宦官统军的制度相关。经常被提及的明代宦官的邪恶与不忠的例子，是1644年，当李自成进攻北京时，掌兵京师的宦官开城迎降这件事。但是，也还有部分宦官在撤出北京之后，继续英勇抵抗。作者认为，这与明朝文武官员有降清的，也有抵抗的情况大致相似。换言之，宦官对明朝未必就特别不忠。作者还强调说，宦官与明朝文臣武将频繁地发生冲突，受到的冤枉不少，实际上并不总是理亏的一方，真正的问题“在于明朝的‘双头马车’行政结构和行政职责的定位不清”，以至于机构“笨重迟缓”，“巨大冰川牢牢固结住政府机关，使其到了十六世纪晚期已不再能运行”。言下之意，许多问题发生后得不到妥善的处理，是由于体制的制约，而怪不得宦官。

五

讲到明朝的“特务政治”，作者也反对将其归罪于宦官。在作者看来，无论厂、卫，都是从属于皇帝的特务机构；宦官掌握着这些机构，也无非是皇帝的代理人。比如东厂，这是永乐帝建立的特务组织，它的触角后来逐渐深入全国各地。它的大部分刺探情报的工作，如监视宗室、武将、文官、秘密宗教团体和乡绅，以及在人们聚集的场合监听各种不满言论，或了解农商情况和重要货物的价格，起先都是由锦衣卫来执行的。直到建立约五十年之后，东厂的头子才改由司礼监掌印太监担任。但它的一些重要机构，也还由锦衣卫掌管；刺探、搜集情报的工作，也一直主要由锦衣卫承担。而宦官与锦衣卫之间，一向是互相猜忌，矛盾重重。武宗时，刘瑾出掌东厂后，朝廷又批准建立西厂、内行厂这两个特务机构。建立内行厂，就是要监督锦衣卫和东厂，其用意并不在于使宦官专权，而在强化皇帝对臣民的防范。

总之，利用特务机构胡作非为的宦官，在明代只是少数；由宦官所把持的特务机构只是在执行皇命。宦官内部有争权夺利，却也有制衡。当一些宦官权力过于膨胀时，把他们拉下马的，往往也是宦官。他们与士大夫一样，都是皇帝的附属品，所作所为多数是遵从皇命。比较而言，文官之间的斗争，比宦官之间的斗争，更有过之而无不及。如十六、十七世纪之交，明廷外朝的文官，已分化为至少五个派系，相互倾轧，权力斗争不断，但内廷在太监陈矩主持下，平静无事，不见丑闻和争端。作者的看法是，宦官未必皆恶；这一“执政群体”的道德素质和政治表现，未必不如文官集团；有些宦官即便名声很坏，也未必如史书记载得那样一无是处，实在是蒙受了不少冤枉；明朝皇帝总是偏袒宦官，也不仅仅是出于个人好恶，而是对这种“双头马车”政治结构的维护。

六

把明朝朝贡制度的建立，归功于宦官，是《明代宦官》一书的重头戏。明初与蒙古、高丽以及东南亚的关系，就是由宦官率领的使团开辟的。而永乐皇帝在位的“1405 年至 1425 年，由于明朝走大胆的对外扩张路线，这 20 年是宦官外交活动的最盛期”。期间，为解除蒙古侵扰，明成祖不仅对蒙古发动了大规模的军事进攻，还不断派宦官率领使团，寻求与蒙古议和；明成祖还派出宦官联络西藏，欲借助喇嘛教，来软化蒙古人的好战；派出宦官与中亚诸国建立联系，以牵制蒙古。为加强对辽东和黑龙江下游地区女真各部的羁縻，明成祖还派宦官巡察当地部落，宣布朝廷敕命。而那一时期，明朝最大的外交活动，就是让宦官率领巨型船队，七次远航西洋。

作者肯定了这些由宦官主持的外交活动，为明朝建立起了万方来朝的朝贡体系；指出从那时开始，一直到明末，明朝皇帝所有的外交活动，以及外国的进贡，几乎都由宦官掌握；明朝的外交，就是宦官掌管的皇家私事。令作者十分遗憾的是，在文献记载上，明朝宦官的外交活动，许多都被对宦官抱有深刻偏见的儒学中人故意贬低，或有意无意地忽略掉了，而无论在开辟明朝外交事业的过程中，宦官们曾经经历了何等难以想象的艰难险阻，表现出怎样的聪明、智慧和勇气，并且创造过何等的成就。

与宦官外交密不可分的，就是明朝的对外贸易。尽管这些贸易，有的只是延续旧传统，有的却开出了新局面。与外交一样，这些对外贸易，看上去也像是皇帝的私人贸易，体现的是“无远弗届”的浩荡皇恩。读者也许会生出疑问：明朝走向世界的机会好像很多，却不知明朝皇帝的兴趣为什么仅止于宣示其宗主权？就此，作者则表达了另外一种看法：用宦官从事海上贸易，是因为开国不久，“明朝皇帝就认识到，与东南亚贸易是让国家致富的最佳办法之一。明朝皇帝还深信，欲让经济不受限制地增长，最理想的办法就是由朝廷垄断贸易”。这样的推测，似乎缺乏充分的证据支持。而作者认为，郑和远洋的材料被明廷文臣销毁，这方面的许多有关宦官业绩的记载，亦随之烟消云散，否则完全可以证明自己的观点。他强调说，这都是因为“文人悲叹宦官的得势，竭尽所能、明里暗里欲打消这一计划”；“中国人如此卓越，为何没有动机经由非洲抵达欧洲或越过太平洋发现美洲”！

七

明朝皇帝的控制欲，是无所不在的。宦官的活动随着皇帝的这种控制欲，亦无所不至。皇帝直接控制了大量的土地和劳动力，即“允许宦官对（皇庄）地产有较大的管理权，也允许宦官对在皇庄里工作者有较大的管理权”；并任由“宦官自行掌理（皇庄）收入和会计事宜，不归户部管辖”；地方官则必须为宦官管理皇庄，提供诸如运输和保管等方面的保障。为直接控制各种工商税，皇帝将明朝工、商税的各种征管权，也一概交由宦官把持。宦官还不负重托，坐地起税，无微不至。连泰山碧霞寺这样的地方，香客赶早去那里看太阳初升，都会与早就守候在那里的收税宦官相遇。宦官还为皇帝经营皇店，做买卖牟利。盐利，是明朝财政收入的一个大头，而且是皇帝可以机动支配的财源。于是，“宦官实际上已成为盐务主管”。从作者的这些叙述中，读者也能感到其中的批评意味。

然而对于由宦官主持明朝的矿业以及征收矿税，作者却在很大程度上表示肯定。特别是对宦官主持矿业，作者尤为回护：“明朝期间带头革新中国采矿、冶金事业者，不是文化素养高的士人和官员，而是宦官”；“士绅阶层激烈反对这类事业，且竭尽所能丑化身为宦官的矿业创业家，阻扰本有可能促成机器创新乃至全面工业革命的任何工业计划。他们坚持保守、传统的立场，与大体上无知、迷信的大众联手嘲笑、批评、中伤宦官矿监”。即便对于宦官主持的养珠、烧瓷和织造，这些用来满足宫廷奢侈需求的活动，作者也是赞扬有加。尤其是织造，耗费了巨大民力，也不具有任何经济上的意义，作者却“不禁纳闷为何苏州、杭州（十六世纪的织造业）都未能引领世界展开纺织革命，成为伯明翰或曼彻斯特这类城市”。而他的结论是:“明朝宦官在主导明朝经济上扮演了前所未有的不凡角色”；然而，在“不利的社会、政治气氛下做事”，宦官的“成就不足以将中国推进工业时代”。

八

即便是在朝廷日常行政，或执行朝廷某些紧急公干，以及某些宦官的才艺等方面，作者对宦官执政群体同样是不吝赞美之辞。他声言，在“双头马车”的政治之下，每当朝臣意见不一致时，宦官总是皇帝解决问题所仰仗的力量，称赞他们在与文臣一起掌管皇帝文书、玉玺和符牌这些事关国家大计的高级机密时所起的积极作用，肯定他们在治理黄河和管理水利方面吃苦耐劳的精神和与众不同的能力，高度评价他们中的某些人才艺堪与意大利文艺复兴时期的达·芬奇、米开朗琪罗相比，并为他们在主持司法会审时的公正与仁慈而深深感动。他所要传达的意思，就是明朝的宦官无论在“宫内、宫外都非常活跃，且常充当皇上的个人代理人”，他们的“角色不是取代士大夫，而是补强士大夫，双方都为同一个主子效命，屈从于同一个天子”，虽说权力总是让人腐化，但“坏宦官所占的比例，其实微不足道，绝大部分宦官是奉公守法的”。他不无同情地表示：当专制政体出差错时，宦官是最理想的代罪羔羊，是这一体制的受害者；但是，他们又是这部专制机器上不可或缺的润滑油和齿轮；这种“双头马车”政治，即司礼监与内阁的共生关系，确保了明朝政体的某种平衡；皇帝是这一制度的唯一受惠者；明朝能够享祚二百七十六年，这应当是最重要的原因之一。

从以上对《明代宦官》一书内容的介绍中，即可以看出，把明代宦官作为“一个庞大的执政群体”加以研究，大大拓宽了明朝政治史的研究视野。作者的根本立论，在于宦官“是中国专制君主制度的产物，而非创造者”，是“皇帝利用宦官来掌控政府的运作”。在揭示这样一些带有根本性的问题上，蔡石山教授的这部《明代宦官》可以说做得很成功。而基于这样的立论，蔡石山教授胪列了相当多的史料，对明代宦官的赞扬可谓是无微不至。但是，说到宦官在明史上的作用，以上所介绍的作者的看法，也还有许多需要推敲的地方。推论即便有理，还是要靠史实来证明。特别是作者认为，明朝士大夫对宦官的歧视、打击，使明朝错失了近代化。这样的观点是否能够成立，也还需要事实和理论的支持。然而，明朝的“双头马车”政治，与其享祚 276 年之间，确乎存在着某种因果关系。作为宦官这个庞大的执政群体，在这种关系中所起的作用，是可以从许多微观而又宏观的研究中得到揭示的。毋庸讳言，中国传统政治的许多专制基因，就隐藏在类似这种“双头马车”政治的关系之中。

历史并没有成为过去

五十年前，时当第二次世界大战进入了最后阶段，全世界正在接近一个新的转折点，而中国也不例外。此距第一次鸦片战争结束，已经整整一百年了。这一百年，对于中国来说，最大的危险莫过于亡国灭种，而最深刻的变化则莫过于向西方学习。

现在，历史即将翻开新的一页，中国将向何处去呢？1943年，一个书生，在中国的边城昆明，开始回顾这百年的历史。他叫蒋梦麟，原本是清末的一个秀才。闹过学潮，上过黑名单，后来到美国留学，回国后出任过国民政府的教育部长，还担任过北京大学的校长。他在《西潮》中，首先叙述的是传统中国的封闭状态。他出生在离杭州湾约二十里的蒋村。小时候村里人告诉他，清朝推翻明朝，村里人是在接到新朝廷的圣旨后才知道的，而当时邻村还在演社戏。改朝换代了，最显著的标志，就是男人被迫留了辫子，改穿了清朝的服装。虽然如此，那时男人死后入殓，还是穿戴明朝衣冠。天高皇帝远，历史上的改朝换代，无非是江山易姓，胡汉易位，并没有什么翻天覆地的变化。中国的老百姓，几千年来就是这么过的。

然而，当国门被西方列强的炮弹炸开之后，“这种环境很快就成为历史陈迹。这个转变首先由外国商品的输入启其端，继由西方思想和兵舰的入侵加速其进程，终将由现代的科学、发明和工业化，完毕其全程”。这，就是西潮。

那么，在西潮的冲击下，对中国人来说到底什么是最主要的呢？这就是我们怎样去认识西方文明这一“怪物”的光明和黑暗面。可惜的是，这个问题在当时并没有引起重视。中国人一向注重的是“学以致用”。为此，我们“一直不断地在吸收外国的东西。有时候经过审慎选择，有时候不分青红皂白，乱学一气”。乱学一气的结果，就像“吃得过饱闹胃痛以后对食物的反感”一样。康、梁维新运动，犯的是吃得过饱的毛病，而义和团之乱，则又是一次“严重而复杂的消化不良症”。蒋梦麟先生就是这样说的。

在这样的状态中，一切善恶是非都是难以分辨的。过于注重“学以致用”，结果是为“用”所蒙蔽。如清朝为了用，而建立了新军，却加速了自己的灭亡。“新军将领们对清反目无情，对革命更无所爱。”以致民国成立后的十六年中，中国就一直在这些军阀手中翻来覆去。以新军为用，以至于害用，而其他方面也不乏这样的例子。蒋梦麟先生说：“我们因为过分相信制度和组织，竟然忘记了人格和责任感的重要性。因缺乏这些品德的强调而使新制度组织无法收效的例子已经屡见不鲜。”所以，必须深入到西方文明的源头，去了解它的由来，改变那种“对一种东西的用途，比对这种东西本身更感兴趣”的偏向。因为，轻智慧而重实用的缺点，已经深深地植根于我们的哲学、政治组织、社会组织，以及日常生活之中，以至于使我们因过分地注重实用，反而不切实用了。唯其如此，他特别钦佩孙中山先生的“知难行易”说。可惜的是，在百年西潮的冲击下，只有极少数人认真思考过这一问题。“橘逾淮而北为枳”，也就不得不然了。

西潮改变了中国的历史。过去的一切，均无法改变。所以，“过去的就让它过去吧”。这是一种豁达、一种超然。但是，历史并没有成为过去。它的影响还在，甚至常常把过去与现在的距离缩短，愈远而愈近。

《左传》的外交辞令

春秋时期，国与国之间的交往，是非常讲究辞令的。

《左传》有烛之武退秦师，事在公元前630年。其时，晋、秦大军围郑，要灭掉郑国。形势危在旦夕，郑文公就派一个叫烛之武的人去劝秦穆公撤兵。烛之武发牢骚，说自己壮年时都没派上用场，到老了还能有什么用。郑文公连忙道歉，说过去是自己不对，但郑国若亡了对大家都不利呀。

出了一口怨气，烛之武便连夜去见秦穆公。他对秦穆公说，郑国知道自己要亡，如果这事对秦国有利，哪里还敢来讨饶；问题是秦与郑隔着晋国，何苦这样劳师远征，灭掉郑国，而使晋国受益；不如让郑国成为秦国的东方与国，将来总有机会为秦国效劳；再说当年晋君（重耳）借道秦国，回国争夺君位，事先说好了要用焦、瑕这两个地方来回报秦国的，但早上渡过黄河，傍晚就在那两个地方驻军设防；这样不守信誉、贪得无厌的人，在东侵郑国之后，必然也会向西扩张，觊觎秦国的边疆；这种于秦有害而于晋有利的事该不该干，作为秦国的国君，难道不需要好好掂量掂量吗？

上面这段话，《左传》的原文，真是漂亮极了："郑既知亡矣。若亡郑而有益于君，敢以烦执事！越国以鄙远，君知其难也，焉用亡郑以陪邻？邻之厚，君之薄也。若舍郑以为东道主，行李之往来，共其乏困，君亦无所害。且君尝为晋君赐矣，许君焦、瑕，朝济而夕设版焉。君之所知也。夫晋何厌之有？既东封郑，又欲肆其西封。若不阙秦，将焉取之？阙秦以利晋，唯君图之。”烛之武会讲话，不仅仅是文辞，道理尤其讲得好！他给秦穆公分析利弊，都是从秦国的角度出发；讲晋国之不可信任，举的也是晋国对秦国不起的例子。讲得头头是道，句句触人心境。他态度谦恭，辞气委婉，说理清晰，分析利弊虽说是从大处着眼，却具体、实在，丝毫也没有先声夺人、强词夺理的味道。

《左传》王孙满对楚子，事在公元前608年。楚子就是楚庄王。他率军北上，讨伐陆浑之戎。陆浑地在秦、晋之间。陆浑之戎，就是被秦、晋强迫迁居此地的戎人。楚庄王伐陆浑之戎获胜，军队直抵周的边境，要在洛水边检阅军队，向周定王展示武力。那时候，秦、晋的霸权已衰，楚庄王的霸权正盛，问鼎中原的志气大张。周定王当然不敢怠慢，派了王孙满前去犒劳楚庄王。楚庄王问王孙满，周的“鼎之大小轻重”。鼎是天子权威的象征。夏、商、周易代，鼎亦随之转移。楚庄王问“鼎之大小轻重”，可见其处心积虑。意思是说，周的天子地位，如今还有多少货真价实的东西！但是，他问得很巧妙，也就是问鼎有多大多重，人家似乎抓不住什么把柄。

王孙满对楚庄王的无礼提问，当然很气愤。但诸侯争霸的时代，国与国之间的言辞往来，也不是儿戏，分寸必须把握得好。王孙满态度内敛，口气温文尔雅，说：朝代的盛衰，取决于德而不是鼎；夏朝有德，而知天下何善何恶，并铸之于鼎上，使人民知道，入川泽山林就不会遇到魑魅魍魉，所以上下同心，能得到天的庇佑；夏桀失德，鼎就转移到了商，承天命六百年；

商纣暴虐，鼎又归之于周；总之，德之美好光明，鼎哪怕很小，谁也拿不去的；如果奸邪失德，鼎就算很大，谁也保不住；而且，德与不德，取决于天命；成王当初定鼎于郏鄏（洛邑），卜辞说周要传三十代、七百年；现在周德固然已不如从前，但天命未绝，还不是问鼎之大小轻重的时候。

这段话，《左传》原文，辞气甚健："楚子问鼎之大小轻重焉。对曰：'在德不在鼎。昔夏之方有德也，远方图物，贡金九牧，铸鼎象物，百物而为之备，使民知神奸。故民入川泽山林，不逢不若。螭魅罔两，莫能逢之。用能协于上下，以承天休。桀有昏德，鼎迁于商，载祀六百。商纣暴虐，鼎迁于周。德之休明，虽小，重也。其奸回昏乱，虽大，轻也。天祚明德，有所厎止。成王定鼎于郏鄏，卜世三十，卜年七百。天所命也。周德虽衰，天命未改。鼎之轻重，未可问也。'"

我们知道，按周的国力，远不能与楚平起平坐。然而，周在政治上仍有号召力，尊王是当时诸侯交往的通则。楚庄王明里问鼎之大小轻重，暗里是在挑战周在政治上的号召力。王孙满避实就虚，以一句"在德不在鼎"，反过来抓住楚庄王的要害，于是引经据典，借题发挥，雄辩地将"鼎之大小轻重"的问题信手一转，变为对有德无德的讨论。诸侯争霸的世界，政治上必须"尊王"，是当时的大历史，也就是不可移易的"天命"；"周德虽衰，天命未改"的说辞，正符合当时历史的实际。但是，在回敬楚庄王时，王孙满始终保持着一种平和的态度，不去责问楚庄王提这样的问题是何心肠，只是在讲清楚"在德不在鼎"的道理之后，以"鼎之轻重，未可问也"一句，轻描淡写地把楚庄王的挑衅化解于无形，而没有让楚庄王老羞成怒。

《左传》所记春秋时期的外交辞令甚多，充满着机智与雄辩，但总体上却是委婉、含蓄而文质彬彬。尊王的大历史之下，仁义总是要维持的。“文质彬彬，然后君子”，不仅是一种风度，也象征着一种力量。但是，到了战国时代，列国之间的冲突，变得你死我活。列国外交，无非以相互损害和吞并为目的。外交上的言辞，也就大不同于春秋时了。

《战国策》上说，秦国想得到周鼎，直接派军队去索要。周使颜率就跑到齐国去，说与其把鼎给秦，倒不如给齐；如果齐国肯出兵，可以名利双收。结果，齐国一出兵，秦军果然就退了。齐国于是要周兑现诺言。颜率又对齐王说，鼎有九个，运送需要大量人力，且无论途经魏国还是楚国，都会被扣留；鼎又不像禽兽那样，自己会飞会跑。这样的话，真是一点诚意也没有。齐王认为上了当，颜率却说周是真心想把鼎给齐国，随时等齐国去取。作为周的使者，颜率的确很机智，而且话也讲得滴水不漏，就是缺少诚意，非常不好听。事或出于不得已，毕竟让人不堪。

《战国策》上还说，秦王嬴政想吞并安陵君的土地，说要用五百里换安陵君的五十里。安陵君说，祖上受封于魏国先王，自己不敢见利忘义。他派唐雎去向秦王解释。秦王对唐雎说，韩、魏大国，说灭就灭掉了；安陵君算是长者，自己才愿意以十倍的土地换安陵五十里；但他居然敢不领情。唐雎说，安陵受封于先王，增广百倍，也决不敢换！秦王问唐雎，知道什么叫“天子之怒”吗？唐雎倔强地说不知道。秦王说，那可是要“伏尸百万，流血千里”的。唐雎问，那你知道什么叫“布衣之怒”吗？秦王说，无非就是“免冠徒跣，以头抢地”嘛。唐雎说，那是“庸夫”，自己说的是“士”；以前专诸刺王僚、聂政刺韩傀、要离刺庆忌，当他们“怀怒未发”时，天象已经示警，而有“慧星袭月”“白虹贯日”和“苍鹰击于殿上”；今日“伏尸二人，流血五步，天下缟素”，就是自己要步他们的后尘。两人的言辞都咄咄逼人，充满杀气。最后是秦王“色挠”，向唐雎让步。在《战国策》所记载的列国交往中，这样咄咄逼人的言辞，是很普遍的。

战国的大历史，就是喻于利，而不喻于义。所谓“合纵连横”，无非是出于君王吞并天下之志。所以，一切都不过是“诈”与“力”的体现。诈有诈仁、诈义、诈诚、诈信、诈忠，等等。而所谓“力”，就是强与暴的结合。所以，天下虽多“口辩”之士，《左传》上的那种辞气委婉、含蓄而彬彬有礼的外交辞令，以及所体现出来的君子人格与风度，已然杳不可寻。

从“南山四皓”讲起

1997年为《话说中国》故事丛书写秦、西汉卷，写到了刘邦一直想废掉太子刘盈，终因太子得到“商山四皓”的辅佐而不得不罢休的故事。故事很有趣，是自己小时候从小人书上就看到过的。

商山四皓的故事很有名，历史上也有称之为“南山四皓”的。那么，究竟是“商山”，还是“南山”呢？1994年外文出版社出版的沈从文文物与艺术研究文集《花花草草坛坛罐罐》一书中，收入了沈先生《“商山四皓”和“悠然见南山”》一文。该文写作年代不详，其中讲到《史记》中的“商山四皓”，实际就该是“南山四皓”。沈先生说，过去日本人在朝鲜发掘的汉墓里，得到一个竹篾编的长方形的筐子，上面一角绘有这四位隐士的图像，旁边有隶书题识的“南山四皓”四个字；但这是一个孤证，兴许是汉代的工人的笔误。然而，天下事无独有偶。1957年，在河南邓县的考古发掘中，发现了一座南北朝时期的彩色画像砖墓，其中有用楷书题识的“南山四皓”彩色砖画像砖。沈从文先生因此说道：“原来史传上的‘商山四皓’，汉代和六朝人通说是‘南山四皓’。可见用文物证史，有些地方实在可以启发我们不少新知，至少可以提供一些新材料，而且性质相当扎实。”沈先生还因此讲到，陶渊明“采菊东篱下，悠然见南山”的诗句，“采菊”写的固然是实，所见南山却未必是虚，而是想起隐居南山、后来辅佐孝惠帝的那四位老人，这就很容易使人联想起陶渊明“刑天舞干戚，猛志固常在”的诗句了。把“南山四皓”误作“商山四皓”，可以说是个无伤大雅的小错误。但是，在历史研究中，这个小错误，就可能影响到人们对陶渊明这个历史人物的理解，以为他真有“悠然”的时候，而对“猛志固常在”就不好理解了。有人还把陶渊明的这种“悠然”，理解为“逍遥”，并将之作为中国传统士大夫的“乐感文化”的一种证据，对之进行严厉的批评，一点“了解的同情”也没有。可见，即便是在历史和文化研究中，哪怕很小的错误，未必就可以忽略。

读了沈从文先生的文章，知道《史记》上的“商山四皓”的“商山”，应为“南山”的误写（犯这个错误的当然不会是司马迁），我在写这则故事时也就改称“南山四皓”了。但是，出版社的编辑在编发我的稿子的时候，并没有问我有什么根据，就将“南山”又改回“商山”。我不想费口舌，只好随他去。可巧的是这套书的每一则故事都是要配图的。“南山四皓”的彩色画像砖照片，无疑要跟它的故事配放在一起。事情赶在一起，我只跟编辑开玩笑：“是再改回‘南山四皓’呢？还是把画像砖上的‘南’字抠掉，补一个‘商’字上去？”那位编辑倒也不待我解释，连声说：“改回来！改回来！”

在我们的知识积累中，常有一些我们原来以为是正确的东西，但却被实践证明是错误。习以为常，把错误延续下去，是不对的。最近，院里提出要把上海社会科学院建成国内一流、国际知名的新智库，我以为这很有气魄也很有远见。美国有一个教授，把中国社会最近二十多年所发生的变化概括为四个方面：一是从封闭走向开放；二是从农业社会走向工业社会；三是从计划走向市场；四是从一元走向多元。他认为，这样深刻的转变，在这么短的时间里，社会势必承受非常激烈的振荡；矛盾错综复杂，千头万绪，所面临的都是新问题，因此必须在实践中找到新的解决办法。他讲得很对，也很清楚。我想，我们如今之所以要强调“新智库”，关键就在于要敢于面对新问题，从事新的探索与思考，提出新的解决问题的办法；从根本上说，就是注重实际，注重新知识的发现与积累。科学研究的本质，就是发现新知识，解决新问题。在常规性的社会科学研究中，新知识的发现也许不是最最重要的，社科研究主要还有赖于我们原有的知识系统。但是，当今中国的社科研究绝非是常规性的，研究的也绝非是常规性问题，随时都会从中发现许多与我们原有的知识系统不相容的新知识。因此，我们今天的社会科学研究必须重视从实践中获得的新知识，以充实和重新整合我们原有的知识系统，并且适时剔除那些已经不切实际的、落后的、错误的知识。

宋朝有个宰相叫赵普；他很自信的一件事，就是以“半部《论语》治天下”。农业社会的变化是缓慢的，“半部《论语》治天下”，虽说是“玄”了点，却也未必全无可能。但是，孔子生活的时代，距赵普在世的北宋，已有十五个世纪了，社会总还是有很多变化；赵普却以为只需半部《论语》就可以治理天下，可见他是看不到变化，或者根本就无视变化。我们今日，距赵普的那个时代，也已有一千多年了。如果，我们凡事还是只求助于自己原有的知识，就像赵普那样只认半部《论语》，对改革开放的实践所提供的新知识和与之相关的新问题概不研究，那我们的这种自信就失去了根据。南北朝彩色画像砖上“南山四皓”的“南山”二字，能不能改回为“商山”，这是一个在历史研究中是否尊重历史事实的问题。而对于中国改革开放的伟大实践所提供的新知识和与之相关的新问题，社会科学研究者能不能持久地、坚持不懈地去进行新的探索，则是一个是否尊重现实的问题。那种以为用半部《论语》就可以治天下的时代，离我们已经很久远了。《论语》于我们还有用，赵普式的自信则完全无用了。

刘邦的自夸与陆贾的提醒

刘邦在建立汉朝时，对自己能够成为最终的胜利者，认识上有过一个大的变化，前后境界是不同的。作为胜利者，他的自信是毫无疑问的，分析自己之所以取胜的原因，在一定程度上也还算比较客观。但是，要巩固汉家天下，传诸子子孙孙，他还必须认真总结秦亡的教训，认识上有必要更进一步。这个更进一步，是一个叫陆贾的人推动的。

打天下的时候，刘邦用的都是豪杰。所用的儒者，也多具有豪杰气。那时，他最强大的对手，是项羽。他们二人，一个善于巧取，一个善于打硬仗。刘邦没打多少大仗、硬仗，率先拿下了关中。从这一点而言，说秦朝是被刘邦推翻的，也说得通。项羽最大的战功，是在巨鹿消灭了秦军主力。他兵强马壮，率各路诸侯入关，刘邦便不得不听命于他。之后，项羽违背楚怀王之约，封刘邦为汉王，而将本应封给刘邦的关中之地，分封给了秦朝的三个降将。项羽的目的，就是要将刘邦困在巴蜀之地，不能再有作为。

刘邦后来出汉中，定三秦，最终战胜项羽，统一了天下。项羽认为，自己输给刘邦，不是因为打仗不行（“非战之罪”），而是天意弄人。刘邦则觉得是自己本领很大，所以非常得意。他在洛阳南宫设酒宴大会列侯诸将，得意地要大家说说为什么是他刘邦最终做了皇帝。当时，最有代表性的说法，就是他攻城略地都封给功臣，“与天下同其利”，而不是像项羽那样，“有功者害之，贤者疑之”。对于这类溢美之词，刘邦其实不喜欢听。

实际上，灭秦之后，项羽分封了十八路诸侯，是真正“与天下同其利”的。而刘邦在战胜项羽的过程中，虽说也封过几个异姓王，但天下平定后，很快都被他逐个消灭了。对于跟着自己打天下的哥儿们，刘邦视之为“功狗”，只有萧何一个算是“功人”。无论“功狗”“功人”，刘邦都不愿与之“同利”。他后来与所封功臣列侯杀白马为誓：“非刘氏而王，天下共击之。”

但是，对于“与天下同其利”的说法，刘邦一开始也不便直接怼回去，只是顺水推舟地说，这不过是他取胜的原因之一。他还自我谦虚了一番：“运筹帷幄之中，决胜千里之外，吾不如子房；填(镇)国家，抚百姓，给饷馈，不绝粮道，吾不如萧何；连百万之众，战必胜，攻必取，吾不如韩信。三者皆人杰，吾能用之，此吾所以取天下者也。项羽有一范增而不能用，此所以为我禽（擒）也。”胜利的喜悦，使他一时之间，也不忌讳称赞别人。但是，他也曾忍不住问韩信，他俩谁更能打仗。韩信志得意满地说，皇帝陛下最多能带兵十万，自己带兵则多多益善。这话不中听，刘邦反问韩信：那为什么会是自己做了皇帝，而韩信为臣呢？韩信连忙改口，称赞刘邦虽不善于用兵，但善于用将。

胜利来得太容易，刘邦却总是强调自己的战胜之功；神话自己，贬低他人；不仅贬低武将，还贬低儒生。据说，他看到儒生，是要摘下人家的帽子，往里面撒尿的。但是，一个叫陆贾的儒生，动不动就要跟他讲《诗》《书》上的道理。对此，刘邦很不耐烦，说自己手提三尺剑，骑马定天下，不要听那一套。陆贾问：骑在马上能安定天下，也能治理天下吗？从前商、周得天下，都是逆取而顺守，文武并用，国家才能长治久安；穷兵黩武者，如吴王夫差、晋国的智伯，都使国家灭亡了；秦国一味地用刑法治国，也导致国家灭亡；如果秦朝统一天下后，效法先王而行仁义，还能有汉家的天下吗？

秦的大一统，是以一国而兼并天下。从商鞅变法，到秦一统天下，共一百三十五年，时间不可谓不长，艰难的程度更是旷古所未有。但是，秦的大一统，只存在了十五年，就分崩离析了。而刘邦以一布衣，从起兵响应陈胜反秦，到封汉王，再到出关灭楚，重新一统天下，总共不过八年。其中，荡灭诸侯，消灭项羽，只用了五年。如此迅速地夺取天下，这是开天辟地以来所未见的。而陆贾的解释，无非是说，因为秦朝实行暴政而不施仁义，刘邦才有了夺取天下的机会。

陆贾的解释未免使人扫兴，但却不得不正视。秦用法家的办法治国，统一了天下之后，其巨大的历史惯性，一时之间是无论如何止不住的。“天下苦秦久也”，在某种意义上来说，就是因为法家那一套，不能适应新造未集的大一统。而当又一番掀天揭地之后，刘邦要为汉朝开万世基业，对于秦之轻易失天下，不可能没有警惕和困惑。他是个粗人，能够总结自己在“用人”上的长处，已属不易。而听了陆贾的话，他便要求陆贾：“试为我著秦所以失天下，吾所以得之者何，及古成败之国。”可见他虽然文化不高，却还是很愿意学习的。陆贾则毫无懈怠，为刘邦一共总结了十二条治国之道。每写完一篇，刘邦就迫不急待地拿去读，并且大加赞赏。这些文章，后来结集为《新语》。

传世的《新语》十二篇，一是讨论为政当顺应自然之理；二是讨论为政必须简要；三是讨论用人必须以仁义为标准；四是讨论无为而无不为的政治理论；五是讨论统治者如何明辨利害而不为人所惑；六是讨论君主对自我欲望的约束和克制；七是讨论人才选拔应不分贵贱、不拘一格；八是讨论政治之根本在于重民心而轻刑罚；九是讨论君主对仁义必须出于诚意；十是讨论政治必须以仁义为出发点；十一是讨论君、臣言行必须谨慎；十二是讨论避免做不切实际的事情。这些道理，与《汉书》上所谓“汉兴之初，反秦之敝，与民休息，凡事简易，禁罔疏阔，而相国萧、曹以宽厚清静为天下帅”的情况，多有吻合。可见，对于陆贾的建议，刘邦是真正接受了的。

刘邦能够接受陆贾的建议，除了他从谏如流的政治风度外，与汉朝当时所面临的形势也大有关系。形势比人强，这是硬道理。然而，无论如何，一个起于陇亩之人，三年之间便受封为王，五年之间便一统天下成为开国皇帝，那种兴奋、快意和不可一世的劲头，是足可以使他饰非拒谏的。而刘邦能闻过则喜，虚心求教，可见不是泛泛之辈。也正因为如此，刘邦对历史经验的总结，才由原来对眼前胜利的洋洋自得，转变为对江山永固的忧勤戒惧。

刘邦临终前，没有按自己的意志强行更换太子，并将死后的人事安排托付于吕后。吕后统治时期，汉朝的宫廷斗争虽然激烈，但“政不出房户，天下晏然。刑罚罕用，罪人是希。民务稼穑，衣食滋殖”的状况，就与刘邦在世时的政治安排有莫大关系；而文、景之治的出现，亦与此至关重要。

至于《新语》这部书，因为道理讲得较为艰深，到底是不是陆贾当时的作品，后人是颇有怀疑的。刘邦识字不多，想来陆贾当时给他讲的那些道理都非常通俗简要。它的艰深，恐怕是后来的人改写的结果，有些内容可能还是后来增加进去的，以符合后来的皇帝的阅读水平和时代变化的需要。

读《郁离子》有感

元末明初的刘基，是明朝的开国文臣之首，而李贽更誉之为明朝的开国功臣之首。但此人在入明之后，处境就变得极为艰难。用他自己的形容，如“枯荷履雪”。从此，他不仅一腔抱负无从施展，最后死得也不明不白。

刘基有《郁离子》一书传世。读此书，可知刘基不仅是一个政治家，他的政论也十分高明。他在《郁离子》中，对中国传统政治的认识和批判是相当独到、深刻，而且全面的。《郁离子》是对中国传统政治的一个总批判。时至今日，仍具有很高的研究和借鉴价值。近日重读此书，颇有心得，兹略述其一二。

在《郁离子·道术》篇中，刘基把中国传统政治区分为两种类型：其一曰“道”，另一曰“术”。刘基所谓的“道”，是“聚其（天下）所欲”之道。它要求统治者节制个人的私欲，而顺从天下之公欲；不以一己之私欲，而害天下之公欲。刘基所谓的“术”，就是统治者专门“施其所恶”，使老百姓“知畏而不知慕，知免而不知竞”，结果是老百姓将以同样的办法来回敬统治者，以致“上下之情交隐”，而乱由此生。在刘基看来，秦汉以来中国政治的最本质特征，就是“术使”百姓，这就怨不得“自古至今，乱日常多，而治日常少”了。

以顺从天下之公欲，作为道亦即政治的出发点，这已是很了不起的了。但更了不起的是，刘基并不因此对人欲做任何美化。相反，他指出："恶劳欲逸，人志所同。"对人欲的这种客观的认识，导致了刘基在《郁离子·大人不为不情》篇中，对"术"做了更深刻的批判："今使持槲叶之衣，麦麸之饼，而招于市曰：'舍尔室，捐尔服，而来与我共此。'则虽其子亦走而避矣。"这就是说，天下之公欲，无论统治者对它做什么样的价值评判，它都是"道"的出发点；统治者绝不能强天下之所难，哪怕他个人对"槲叶之衣，麦麸之饼"之类真有所好，否则他终将众叛亲离。政治的成功与否，关键就在于是"聚其所欲"，还是"施其所恶"。

作为一个具有强烈的历史感和现实感的政治家，刘基既以"聚其所欲"为政治的出发点，而又丝毫不去美化人欲，所以他也绝不会去美化政治。他在《郁离子·假仁义》篇中说道：

> 人言五伯之假仁义也。或曰："是何足道哉？"郁离子曰："是非仁人之言欤。五伯之时天下之乱极矣，称诸侯之德无以加焉，虽假而愈于不能，故圣人有取也。故曰诚胜假，假胜无。天下之至诚吾不得见矣，得见假之者亦可矣。"

毫无疑问，刘基所谓的"仁义"，就是"聚其所欲"。他所谓的"假"和"诚"，则是指统治者行仁义时的心情。视仁义为手段，故称之为"假仁义"。以至诚之心去行仁义，当然是绝对的仁义了。不过，在刘基看来，后者是可望而不可即的，所以"得见假之者亦可矣"。刘基还特别指出，假仁义完全不同于那种口谈仁义，偶尔做一两件不妨害自己私欲的善事以沽名钓誉，而一旦达不到目的，就视仁义为迂腐的不仁不义；统治者如此对待仁义，政治势必要大坏。所以，无论统治者对仁义所抱的态度是诚还是假，仁义本身却不可无。无论是把仁义束之高阁，还是委弃于地，都是有害的。国家想要长治久安，尽管统治者无至诚的仁义之心，也要有货真价实的仁义之举。如所谓“轻徭薄赋”，如所谓“从谏如流”，等等。凡此，都要求统治者节制私欲，并且还要持之以恒。这样，即便是假仁义，却也会像真的一样，老百姓就信以为真了。说到底，政治的关键并不在于仁义的诚还是假，而在于仁义的有还是无，故曰“假胜无”。明智的统治者，对此必须有足够的认识。如果“绝其所欲，强之以其所不欲，迫之而使从”，是无论如何不能使人心悦诚服的。

《郁离子》一书的政论是极丰富的，且其明辨而不失通达，深刻而不失仁厚，精微而不失高远，荟萃儒、道、法三家而不拘一格，于经济、社会、家庭乃至个人，以及人伦物理、神仙鬼怪上，随处寓言发微，设喻取譬。或以“官舟”即破舟，隐喻封建专制制度下之“官民”的痛苦，或以“以手抟沙，拳则合，放则散”，来形容专制政治之缺乏内聚力。中国历史上的一系列重大的政治问题，正是通过这种方式得到了生动而具体的高度概括，并且更加显示出它们的真实性。

研究中国古代政治史和中国古典政治学，刘基的《郁离子》是一部必读书。可惜的是，像这样一部书至今还未引起有关学者的重视。

胜之还是安之？

汉宣帝的时候，渤海及其周边数郡饥荒，盗贼纷纷而起，而各郡太守镇压无力。正是在这种情况下，一个叫龚遂的刑徒，在当时宰相和御史的大力举荐下，被任命为渤海郡太守。

龚遂原先是昌邑王刘贺的郎中令。刘贺是武帝的孙子，非常顽劣，史书上说他“动作多不正”。不正，即胡作非为。对此，龚遂总是直言谏诤，对昌邑王的师傅、丞相的失职也予以责备。龚遂的谏诤总是引经据典，把利害讲得很严重，讲得流泪，态度十分倔强，使刘贺感到下不来台。刘贺有时就双手掩耳跑开，说龚遂总让他丢丑。有一次，龚遂告诫刘贺，不要与那些善于溜须拍马的人亲近，否则将会因为染上恶习而大祸临头。刘贺后来接受了龚遂的建议，让几个儒生来给他讲《诗》《书》，并向他们学习儒家礼仪。可惜过不多久，刘贺就把这些儒生赶跑了。

汉昭帝死后，因为无后，霍光立刘贺为帝，龚遂也跟着进京。刘贺做了皇帝，依然故我，成天只知道玩乐，大有“骄溢”之态。龚遂对此一再谏诤，刘贺都不予理睬。龚遂曾对一个叫安乐的人说，要是在古代，大臣是可以隐退的，现在却不可以；如果装疯，又恐怕被识破，遭杀身之祸，辱及先人。龚遂希望安乐能够进谏刘贺，使他改邪归正。但是，刘贺只做了二十七天的皇帝，就被霍光废掉了。跟着刘贺进京的昌邑群臣，共二百余人，因为“陷王于恶”，都被判了死罪。只有龚遂与一个叫王阳的人，算是规劝过刘贺，免了死罪，罚作修城的刑徒。

西汉后期，中央政府对地方的治理，可以说是基本失控。地方上不是官吏与豪强相互勾结，肆意违法乱纪；就是地方官太弱，而听任豪强胡作非为。地方治理不善，人民被逼而为“盗贼”。面对“盗贼”，西汉朝廷本能的反应，就是强化镇压。龚遂赴任之前，去见宣帝。那时他已七十多岁了，人又矮小。宣帝一看是这么一个小老头儿，觉得与自己想象中的形象不符，很有点不屑。宣帝对龚遂说，渤海郡治理不力，已是一片“废乱”，自己很忧心，不知龚遂是否有办法平息那里的盗贼，好让他安心。龚遂对宣帝说，滨海之地辽远，皇恩没有达到那里，那里的人民饥寒交迫，地方官吏却不加怜恤，而使皇帝陛下的赤子变成了盗贼。他问宣帝，派他去渤海郡为太守，是要他去战胜那个地方的百姓，还是要他去安抚那个地方的百姓？宣帝听龚遂这么说，心里非常高兴。他对龚遂说，我之所以要选“贤良”的人去那里做太守，当然是要他去安抚那里的百姓。龚遂说，治理乱民就好像是整理乱绳，是不能急的；乱绳必先松开，才能整理。他请求宣帝允许他不受丞相、御史的掣肘，一切不拘泥于“文法”，而根据实际的需要便宜行事。宣帝一概应允。

一进入渤海郡地界，龚遂便遇上了郡衙派来迎接他的军队。龚遂命军队原路返回，又下令各县把派出追捕盗贼的军队召回。他宣布，凡是手持锄钩等农具者，都是良民，官吏不得追究；只有手持兵器者，才以盗贼论。就这样，当龚遂单车独行到达郡府时，各处的盗贼都已解散，回家拿起了种地的钩锄。龚遂又下令开仓，把粮食借贷给贫民，并选用称职官吏，使百姓能够安心生产和生活。

渤海俗尚奢侈，从事工商的人很多。龚遂以身作则，衣食住行都很节俭。他还鼓励人民勤于种地和养蚕，让家家户户都种植果树和瓜菜，还养猪养鸡。百姓有持刀佩剑者，龚遂就让这些人卖掉刀剑，买回牛犊，把财力用在农业上。就这样，渤海郡的人民，全心全意地投入农副业生产。几年下来，渤海郡“吏民皆富实，狱讼止息”。

古今时势不同，面临的问题也大不一样。龚遂的时代，距离今天已经很远了。但是，《汉书》上记载的这则故事，至今仍有积极的意义。百姓因为受委屈而不满，胜之还是安之，这个问题值得深长思之。

《智子疑邻》解读

智子疑邻，事见《韩非子·说难》。说宋国有一富人，家里院墙被大雨浇塌，儿子和邻人之父都说不赶快修复会招来盗贼。当天日暮，富人家严重失窃。可是，富人的儿子因为有先见之明而受到全家的赞赏，邻人之父却被怀疑为盗贼。某年高考语文，以此为题，并提示考生：作文须从“关系亲疏对事物认知的影响”这一角度出发。

问题在于韩非讲这个故事，并非是要批评宋国那个富人的为人处世的褊狭。在他看来，邻人之父的提醒不仅不足以成为把他排除在盗窃者之外的理由，反倒足以成为怀疑他的理由。因为，正是他看到了实施偷盗的机会。更何况他既为邻人，实施偷盗本就是最方便的。这里，韩非所要强调的是：邻人之父被疑，完完全全是咎由自取。

韩非还讲过郑武公杀关其思的故事。当年，郑武公要攻打胡国，却先把自己的女儿嫁给胡国国君，好让他高兴。之后，他问大臣，自己要用兵，该讨伐谁。大夫关其思显然已看透郑武公要攻打胡国的心思，就建议讨伐胡国。没想到武公大怒，说胡国是兄弟之国，谁建议讨伐胡国一定别有用心。结果，武公处死了关其思，胡国国君从此对武公深信不疑，不再对郑国设防，而武公终于将胡国消灭掉了。

智子疑邻的故事，是紧接在武公杀关其思的故事之后讲的。

韩非讲这两个故事，意在设喻取譬：关其思和邻人之父，一个深得君王的恩宠，一个是富者的邻居，两个人的话讲得都对，却是“厚者为戮，薄（指关系疏远，此处或指近邻）者见疑”。可见，一个人即便有了正确的意见，却也还有一个怎样对待的问题。提得出好的意见，却好心得不到好报；或者自以为窥得人家的心思，不料“马屁拍在马脚上”，都是因为“关系没有搞清楚”。这个关系，当然是利害关系。利害关系不搞清楚，不管亲疏都是足以为患的。“非知之难也，处知则难也”，这才是韩非要讲的那个道理。

搞不清楚关系，讲得正规些，也就是对既定事实缺乏完整的认识。武公把女儿嫁给胡国国君，是要以通婚来麻痹他，并最终消灭他。对于这一事实，关其思只看到了武公要消灭胡国的这一面，而忽视了武公要麻痹胡国的另一面，所以不能认识到武公为了麻痹胡国，同样也可以借他这颗亲近的人头一用。如果他早就想明了这层关系，恐怕只会在一旁装憨，等着看别的什么倒霉蛋上当。所以说，在君王身边行走，亲也有亲的难处，有时候反倒是疏远些好。同样，若非与富家为邻，邻人之父又怎会受这样的怀疑呢？

《韩非子·说难》，专讲臣子向君王进言的难处。其论关其思被杀，邻人之父见疑，都是要说明臣子与君王的关系无论亲疏都暗藏着某种杀机，臣子只有清楚自己的这种地位，才会懂得该说什么，不该说什么，什么时候该说，什么时候不该说，而不是谈什么关系亲疏对认知的影响。总之，在君主专制制度之下，做臣子的想要开口说话，首先是要明白关系利害。智子疑邻的故事原意如此，从深说去，还可以引出很大的问题。命题者望文生义，把韩非设喻取譬的本意曲解了。

心静才能读书

根据第四次全国国民阅读调查，我国国民阅读率持续走低，并首次低于百分之五十。有识之士们对此自然感到忧心，希望能够通过多出好书和宣传以挽回这种颓势。从统计数字看问题，是一种现代的进步。但是，即便百分之百的识字人都在阅读，也未必能说明什么问题。看书的人再怎么多，心静不下来，看也是白看。如果这个将近百分之五十的国民阅读率，指的是静下心来的阅读，那倒是可喜可贺了。必须说明的是，好书从来都是不缺的。出版社就是十年不出好书，人们未必就会没有好书看。

读书讲究的是心静。再好的书，读的人心静不下来，也就读不出好来。问题是现在的人都很忙，而且不仅是身忙，更重要的是心忙。身忙总有闲下来的时候，心忙则一辈子不得闲，如何能静下来看书。我所在的住宅小区，有一个收破烂儿的乡下人。他的儿子十七八岁，经常就坐在他的那个收破烂儿的摊子旁，看那些论斤收来的废旧书和杂志，而且看得非常认真、投入。我经常是出门时见他坐在那里看，过一两个小时回来时还见他坐在那里看。这是个心静得下来的孩子，一直这样看下去，或许就是个人才。我常常感叹，现在能这样静下心来看书的人不是很多了。

读书要心静，古有董仲舒“三年不窥园”的例子。这么长时间连园子都不看一眼，恐怕有问题。但心静才能读书的道理，一定是对的。哪怕是完全出于功利目的的读书，读的时候也还是要静，不能老把那个功利放在心里。一本专门讲做生意的书，读的人若非静心专注于它讲的道理，而是想着某一笔生意如果做成功了可以赚多少钱，然后怎么花这笔钱，甚至想到从此以后该怎样做富人，那他（她）是读不好这本书的。

如今，人们羡慕比尔·盖茨，却决不愿意像比尔·盖茨那样去创造自己的事业，而只是想跟比尔·盖茨一样有钱；同样，人们钦佩陈寅恪，也并非是要像陈寅恪那样做学问，而只是想跟陈寅恪一样有学问。这样的心态，怎么能使人静下来？我上面讲到的那个孩子，坐在他父亲收破烂儿的摊子旁，如果也是这样的心态，他还能长时间地静下心来看书吗？

静不下心来读书，与很久以来人们的阅读能力持续下降也有关系。阅读能力的下降，一个是语文学习问题，一个是知识学习的问题，而后者是主要的。一般而言，知识水平越高，则阅读能力越强，越是能够静下心来看书；而知识水平越低，则阅读能力越差，阅读的时候越难以静下心来。没有相应的知识，要阅读有关的文字，就会觉得无头绪，也无法感兴趣，心自然就不容易静下来。问题在于，我们的报纸、杂志和图书，很久以来都一味地强调要把文字写得通俗易懂，要讲究趣味性，文章最好写得人家可以一目十行地读下去。这样的要求，并非完全没有必要。但是，在这样的要求下，渐渐地，一种浅阅读的习惯被普遍地养成了。在人们阅读的下意识中，最好所有的书都写得像社会新闻一样，随便看上几眼就明白大概在说什么。

而迎合着这种需要，书的确写得越来越浅了，知识的含量也越来越少，而且往往是浅入浅出，很少有深入浅出的。为迎合人们的浅阅读兴趣，甚至连古人的好文章，也都要译成最浅近的白话文，不译得淡而无味，不译得没有一点点光彩和滋润，决不罢休。总之，读书是越轻松越好。轻松阅读，时下似乎已成为阅读的口号。其实，阅读是要用力的，带来的则是心力和智力上的愉悦。阅读一味地追求轻松，轻松到后来，就失去了意义，读不读又有什么关系，也就说不到什么静不静。

我们如今提倡读书，总是有功利目的的。每个人都应当读于自己的生活和工作有用的书。这一点非常重要。如果能够通过这样的功利阅读，使自己生活得更美好，使自己工作得胜任而愉快，那真是再好不过了。有一种误会，以为功利目的的阅读，总是不那么有品位。其实，为了生活的美好和工作的胜任愉快而阅读，这正是我们这个社会所需要的功利。没有这样的功利，这个社会就不美好，不可能有好的品位。此外，所谓非功利阅读，则有关人的精神生活和价值观。汉代有个儒生叫夏侯胜，汉武帝死后，他讲了汉武帝的许多坏话，被关到了大狱里。当时有个叫黄霸的官员，因为不肯随大流参劾夏侯胜，结果与夏侯胜同罪，一起被关进了监狱。黄霸是吏员出生，没有读过什么书，最初的官位也是捐钱买来的。他崇仰儒学，在狱中请求夏侯胜传授他《尚书》。夏侯胜对他说，这一次恐怕都要判死罪，又何必学呢？黄霸就以孔子的话回答夏侯胜："朝闻道，夕死可也。"像黄霸这样的人，孔子说的那个"道"，对于他来说是有形而上意义的。阅读儒家经典，对于他来说，是非功利性的。

我们今天还有多少人能像黄霸一样，做这种非功利性的阅读呢！作为读书活动，提倡人们做这种非功利性的阅读，恐怕还要适可而止。其实，阅读的功利性和非功利性，并不全在阅读的是什么书，而在于以什么样的心态去阅读。《红楼梦》是部文学作品，但也可以提倡用功利的目的去读。有人喜欢斗蟋蟀，但早已洗手不干了，可是看到有关蟋蟀的书，照样读得津津有味。这算是功利呢还是非功利呢？

文章写到这里，早已离开了“心静才能读书”这个主题。写这么短的一篇文章，都不能专注于一点，可见真要静下心来读书，殊属不易。

齐桓公的晚年

春秋五霸，齐桓公称霸最早，霸业最辉煌。桓公大度、会用人，管仲是他的政敌，他却给予重用，让管仲把齐国管理得井井有条，成为当时最富有的国家，武力和君权也变得空前强大。桓公还很懂政治和外交，尊王、攘夷和睦邻这三件事都做得极周到，九次召集诸侯会盟，成为维护中原安全与稳定的盟主。然而，桓公晚年，齐国的政治却出了问题。

由于君权的强化，齐桓公晚年在用人上的某些偏好，给国家前途造成隐患。管仲去世前，桓公问他谁可以继任为相。管仲说隰朋严于律己，宽以待人，又大度，是比较合适的人选。其实，让谁来接替管仲，桓公心中已有所属。那时，他最亲近的，是易牙、竖刁、常之巫、卫公子开方这几个近臣。

据说，桓公想尝尝人肉的滋味，易牙就把自己的儿子蒸给他吃了；竖刁为了接近桓公，把自己给阉了；常之巫自称掌握了死生之道，能起死回生；卫公子开方跟随桓公十五年，父亲死了也不回去奔丧。桓公觉得，这四个人，与自己最亲近，是最可靠的。管仲告诫桓公，应该远离这些小人，将他们的不是一一分析给桓公听。大意是说，易牙、竖刁、开方这三个人的行为有悖人伦，必定是别有所图，绝不可以信任；而常之巫，死生分明出自自然之理，他却自称掌握了死生之道，若信了他，他就敢无所不为。

关于易牙把儿子蒸给桓公吃这件事，听上去太过荒唐。虽然已有学者证明，易牙所属的部落，有一种杀“首子”的习俗。但易牙要讨好齐桓公，似不必蒸自己的儿子给桓公吃，也是显而易见的事情。从来故事从宫中流传到社会上，经过口口相传，不免有流于荒唐者。但上面的这几个故事，讲桓公晚年的昏聩好佞，从通性上说，还是真实的。

管仲死后，桓公一度把这几个近臣都逐出宫。可是，没有他们在身边，桓公不习惯。过了几年，又把他们都请了回来。这时，管仲那一辈的老臣，如隰朋、鲍叔都去世了。这几个人重新得到重用，又没有人约束，就开始专权了。又过了一年，桓公病倒了。常之巫信誓旦旦，说桓公将于某某日死。于是，他们“塞宫门，筑高墙，不通人，矫以公令”，完全控制了朝政。桓公重病在身，他们不给饭吃，不给水喝，死得很惨。这里面，自也有很多戏剧化了的东西，不说也罢。

桓公有十几个儿子，其中五人，一直在觊觎王位。他们各自结党，与上述几位近臣暗中勾结。桓公立太子昭，是请宋襄公为保护人的。后来却因竖刁牵线搭桥，答应改立公子无诡。桓公一死，易牙和竖刁便联合内官，在宫中对诸大夫大开杀戒，而立无诡为君。稍后，宋襄公率诸侯送太子昭回齐国。四公子杀无诡，又发兵攻打太子昭。但他们被宋襄公的军队击败了。

太子昭立，是为孝公。孝公在位十年，去世。卫公子开方杀孝公子，立公子潘，是为昭公。昭公在位十九年，去世。公子商人杀昭公子，自立，是为懿公。懿公残暴荒淫，为公子时，与一个叫丙戎的人的父亲，因抢夺猎物而结仇，即位后即将丙戎的父亲双足砍断，并让丙戎做自己的车夫。一个叫庸职的人，懿公夺了他的漂亮妻子，还让他做自己的车驾侍卫。一次，懿公带着庸职的妻子去池中，让庸职和丙戎在岸边看他俩如何戏水。庸职故意叫丙戎："断足子。"丙戎反唇相讥："夺妻者。"两人互激，顿生杀心，随后竟将懿公杀死在马车上。齐国人于是又迎立公子元，是为惠公。

桓公"五公子各树党争位"，相互杀戮，前后约半个世纪，大大削弱了齐国的君权。于是，诸大夫乘机而起，相互兼并，扩张自己的实力，君权被大大削弱，齐国从此"礼乐征伐自大夫出"。一直到田氏篡齐，齐国在卿大夫专权下，一直在走历史的下坡路。而当初，易牙、竖刁、常之巫、开方这些近臣，之所以能专权擅政，乃至于将齐桓公困死于宫墙之内，又在宫中进行血腥屠戮，擅立国君，齐国的卿大夫却一筹莫展，与齐国君权的强化，"国命"握于"陪臣"之手，有着深刻的联系。

黄霸做得好太守做不好丞相

黄霸年轻时就开始学习律令。武帝时，他曾经花钱买了个侍郎谒者。却因为同母兄弟犯法，被罢免了。那时候，入财买官是合法的，但仅限于较低的职务。黄霸后来又在左冯翊（京师三辅地区之一），买了个年俸二百石谷子的卒史。

因为能干、廉洁，黄霸逐渐被提拔为河东郡均输长。这可是个比较重要的职务，主管一个郡的货物调运。昭帝时，黄霸又官升河南太守丞，主管当地司法。那时，霍光掌权，以严刑峻法控驭百官；而在地方上，官吏以严酷为能干，以好杀为忠心的风气也很盛。黄霸虽说是明察内敏，熟悉国家律令，对人却温良礼让。在河南太守丞这个位置上，他用法宽和，把事情做得上上下下、官吏百姓都很满意。

宣帝即位。这位皇帝曾经生活在民间，自己也吃过苦，知道百姓不堪忍受苛法。他听说黄霸行法平和，就任命黄霸为廷尉正。汉朝的廷尉是主管全国司法的。廷尉正，等于是副廷尉。在这一任上，黄霸几次判案都为人所称道，说他量刑适中。很快他又被提拔为丞相长史，成了相府的总管。那时，宣帝下了一道诏书，极力颂扬武帝，要为武帝在各地立庙，并制定庙乐。有一个名叫夏侯胜的博士说，武帝虽有开土广境之功，可死了那么多士兵，又消耗了那么多的财物，搞得天下不能安生，人民流离失所，甚至于人吃人，哪里有什么恩泽，不应该为他立庙作乐。于是，大臣们联名举劾夏侯胜。黄霸因为不肯署名，也犯了众怒，与夏侯胜一起被打入死牢。

在死牢里，黄霸要跟夏侯胜学《尚书》。夏侯胜说，这回可能判死罪，不学也罢。黄霸引孔子的话说："朝闻道，夕死可矣！"见黄霸这么有决心，夏侯胜从此每天都向他传授儒学经典。三年后，他们蒙赦出狱。经夏侯胜的推荐，黄霸做了扬州刺史，之后又官升颍川太守。在颍川太守任上，黄霸因为政绩第一，又升任京兆尹。京兆尹是京师长官，地位很高。但京师之地，多的是高官和皇亲国戚，做什么事都可能得罪人。没过多久，黄霸就被贬回颍川，继续做他的郡太守。罪名是征发百姓修治驰道没有事先向朝廷报告，以及为北军征用军马不能足额。

回到颍川，黄霸一干就是八年。史书上说，在他的治理下，颍川的民风变得非常纯朴：儿孙孝顺，兄弟友爱，妇女贞洁，种田人之间也不再有田界之争，孤寡老者有人抚养，穷人也可以得到赡助，监狱里甚至没有重刑犯人，无论官吏还是百姓都心向教化，表现得都跟君子一样。汉代的郡太守，位高权重，令行禁止，在治民上就容易做出成绩。黄霸能够治理好颍川，与此有很大关系。

因为有好的政绩，黄霸再次被召回朝廷。他先是出任太子太傅，做了太子的老师；后来又官升御史大夫；最后终于做到了汉朝的丞相。丞相是管官的官，与做郡太守治民不一样。更何况丞相的权力，在武帝时已被大大削弱了，并不是一个真正能有所作为的职务。于是，黄霸只好什么也不做。但他是做惯了事的人，总也闲不住。一次，鹖鸟云集丞相府。黄霸以为这是上天显示的好兆头，马上就要上奏皇帝。稍后听说这些鸟是从京兆尹张敞家飞来的，没有什么神意，只好很没劲地作罢了。事后，张敞在宣帝面前奏了他一本，弄得他很没面子。还有一次，黄霸竟然心血来潮，向宣帝推荐一个叫史高的人为太尉。史高是宣帝的表叔，黄霸推荐他，未免有拍马之嫌。何况太尉一职，武帝的时候就已取消了。为此，黄霸受到了宣帝的奚落。从此，他再也不敢有什么建议，而宣帝则容他在丞相的位子上碌碌无为到死。

薛宣的温和肃贪与知人善任

薛宣本来在廷尉府担任过很小的吏职，后来又在大司农府做过“斗食”之吏，每年的俸禄不到一百石。他的时来运转，是在任不其县县丞时。一次，琅邪郡太守赵贡到各县检查，在不其县见到了薛宣。他凭直觉，感到薛宣可能是个人才，就让薛宣一路陪同。后来，薛宣被赵贡推荐到乐浪郡去做都尉丞。这以后，幽州刺史又举荐他为“茂材”，让他到宛句县去做县令。他的名声渐大，终于引起了大将军王凤对他的注意，让他做了长安县令。

地处京师的长安县县令可不是好做的，但薛宣做得很好，断案非常准确。于是，他又被提拔为御史中丞。在这一任上，薛宣的几次上书，奏劾官吏犯法和向朝廷推荐人才，也都有根有据，受到了成帝的赏识。然后，他又被派到地方上做郡太守。走到哪里，哪里的治安就稳定了。为此，他又再次被召回京师，官升左冯翊（京师三辅长官之一）。

在左冯翊任上，薛宣辖下的高陵县令杨湛和栎阳县令谢游，都犯有贪污罪。前几任长官曾几次查办他们，反被他们抓住些毛病，搞得灰头土脸的。薛宣一到任，这两个人即来拜见，其实是来试探他是个什么态度。薛宣非常周到地接待了他们，事后却暗地里着手调查他们两个的罪证。等到把他们的罪证拿到手，薛宣察觉那个叫杨湛的已有了悔改之意，对自己也很服从，就亲自把他犯罪的证据逐条写出，劝他自己主动辞职，但也申明他可以为自己辩护。杨湛知道自己罪证确凿，而薛宣言辞温和婉转，并没有意思要追查到底，马上上交印绶，并托人转达了对薛宣的谢意，以后也没有过一丝怨言。至于那个叫谢游的，自以为是大儒，有名望，对薛宣很不恭敬，以为薛宣拿自己没办法。薛宣于是亲自给他写了封信，指出了他在栎阳县实行的种种苛政，以及把非法敛来的钱财非法地使用，要他自动离职，省得到时候被追查法办，累及举荐他的人。谢游看了信，知道再不辞官，还不知会有什么样的下场，也交了印绶回家去了。对这两个贪官，薛宣的温和宽厚，恐怕是担心开罪于当时师承关系复杂的儒林。

薛宣的知人善任，也是很突出的。频阳县地处好几个郡的交界处，不容易管理，盗匪活动十分猖獗。但是，频阳县令薛恭，是因为“孝廉”才当上这个县官的，对如何治理百姓并不懂得。而粟邑县地方很小，远在山中，人民朴质胆小，容易治理，县令尹赏却是个很能干的人。薛宣于是把这两个人位置互换；尹赏治频阳，盗贼不敢在频阳出没，频阳就此安定了；薛恭治粟邑，粟邑的百姓一切照旧，官民相安无事，粟邑还是安定。薛宣很高兴，说在左冯翊辖下的各县，如果能使县官各得其人，自己就可以坐享其成了。在他的辖下，无论什么地方的官吏或百姓犯了法，他都只是通知各县的长官们自己处理。他告诉他们，自己之所以这样做，就是不想代替他们行使权力，希望他们能获得好名声。

按规矩，汉朝各官府中的官吏，每年总有几次休假。左冯翊府中的主掾张扶，每到休息日总是要求吏员们办公。有一次休假，薛宣见张扶还是照样办公，就对他说："礼的精神重在和协，而为人之道重在通人情。休假到了，让吏员们照例休息，这规矩可是由来已久了。官府虽然有公事要办，可每个人的家小也盼望着尽一番天伦之乐。吏员们都想着要回家休息，主掾吏就应该顺从大家的意思。回家与妻子儿女相见，摆酒设宴，请来邻居们说笑相乐，这也是很好的事情啊！"张扶听了这话，很惭愧，觉得自己确实有点不近人情。

薛宣后来做了丞相，还封了侯。做丞相，他并不称职。丞相府的属官们都认为他做事情太烦琐零碎了，并没有什么可称道的。后来，他被罢过两次官。最后因为儿子犯法，被削职为民。

“通儒”杜林

杜林博学多闻，当时有“通儒”之称，而不是那种有了一知半解就自以为有学问、喜欢咬文嚼字的人。

王莽的时候，杜林在郡衙中有一个吏员的职位。新朝被推翻后，他就带着弟弟和几个朋友，到河西郡去避难。在河西割据的隗嚣，对杜林早有所闻，知道他的名望和才干，请他去做官。杜林答应了，但不久又推说有病，不干了，归还了俸禄。隗嚣对此非常恼怒，却不敢过分勉强他。为此，隗嚣还特地发布了一条命令，说杜林这样的儒者可以不臣服天子，可以不与诸侯为友，就像当年伯夷、叔齐不食周粟一样；现在他以师友之道对待杜林，以便受到杜林的教益，又不违背杜林做人的原则。这以后，杜林实际上被软禁在隗嚣那里。

公元30年，杜林的弟弟死了。隗嚣不得不同意杜林回乡安葬弟弟。但是，等杜林走后，隗嚣又后悔了，派了一个叫杨贤的刺客去截杀杜林。当杨贤在道上远远看见杜林亲自推着弟弟的灵车时，禁不住叹道：“在这样的乱世之中，还有谁能像这样行义啊！我虽然是个小人，又怎么忍心杀害这样的义士呢！”他没有杀杜林，并从此隐没于江湖。

杜林一回到家乡，消息就传到了刘秀那里。刘秀马上派人请他进京担任侍御史。等见了面，刘秀跟杜林从学问谈到人事。那时，朝中百官知道杜林因为名望和品行优良，一下子被提拔到这么高的位置上来，都对他又敬又怕。而他的学问的广博，也使当时京城中的士大夫十分钦佩。许多有学问的人都来找他论学。有的人则甘当他的学生。

在古代，郊祀是国家的一件大事。郊祀是一种祭天的活动。而在此祭天之时，往往要以某些帝王为配祀。公元 31 年，东汉开始制定自己的郊祀制度。当时，很多大臣都认为周朝祭天时以后稷配祀天帝，汉朝则应该以尧来配祀天帝。满朝公卿和汉光武帝本人，都同意以此为制度。但是，杜林提出，周朝的兴起是从后稷开始的，才以后稷配祀天帝；至于汉朝的兴起，与尧没有什么关系，还是应该按照汉朝原来制度，以高皇帝配祀天帝。最终，汉光武帝采纳了杜林的意见。

这件事，从表面上看来，似乎微不足道。但是，它对于说明东汉是西汉的延续，却是非常重要的。王莽篡汉，把天下搞得一败涂地，使人们自然要想念西汉。所以，在推翻王莽的起义中，刘玄因为是汉朝的宗室，而被立为帝。后来，赤眉军也立了个汉朝宗室刘盆子为帝。刘秀本人，当然也是汉朝宗室。这些，都说明汉朝的影响还是很大。刘秀称帝，仍以汉为国号，当然也是要以此来说明自己合法性。杜林认为东汉的郊祀制度应该遵从西汉，其实也正是着眼于这种合法性。可见，他是一个非常识大体的人。

公元 38 年，光武帝下诏，要公卿们讨论国家是否要实行严刑峻法。杜林上奏说，人受到刑罚的挫辱，尊严和义气节操就会被损毁；法禁太多，搞得人家动辄犯法，那大家就只好一切敷衍，以不触犯禁律为幸事了。他引用孔子的话：“强迫人民接受统治，用刑罚来迫使他们老实安分，可以使他们不敢犯法，却不会让他们懂得什么叫羞耻；只有用道德来教化人民，用礼法来约束他们的行为，才会使他们懂得什么叫羞耻，并且心悦诚服。”他还讲到西汉只是到了后来，法禁才严密苛刻起来，以至于什么事情都要从中挑出错，想方设法弄成大案，绳之以重法；而犯法的人越来越多，上上下下却装作没看见，为害一天比一天严重。刘秀接受了杜林的意见，后来又提出了以“柔道”治国的思想。

杜林一直活到公元47年，死前身任东汉的大司空，是朝廷三公之一，官做得很大。他做的大事，就上面所说的两件，都只是“言论”，但都事关东汉建国的基本国策，是不可以等闲视之的。

钟离意的仁与廉

东汉建立之后，治民以“柔道”，治吏以“督责”。接受了前朝的教训，东汉对官吏的督责，非常强调肃贪。汉光武帝的时候，一个叫钟离意的人，能够用心体会朝廷用“柔道”治民的政策，深得刘秀欣赏。刘秀曾对侯霸说：“你的府中居然还有这样在仁字上用心的人物。”然而，钟离意对朝廷以“督责”之术治官的政策，也是很用心的。

钟离意任瑕丘县令时，曾指派县府吏员檀建去向郡府的督邮汇报工作，并依照惯例给督邮带去一副头巾。不久之后，那位督邮见到了钟离意，说起自己已有头巾，才没有接受瑕丘县送的。钟离意这才意识到，檀建竟将督邮退还的头巾贪墨了。当时，这方面法禁很严，事情虽小也不放过。所以，当钟离意把檀建找来追问此事时，吓得檀建连忙叩头求饶。钟离意明确告诉檀建，这件事可以为他保密，也不深究，但他这个官是不能再做下去了，可挂名一个不重要的职位，给他留些面子，然后回家休长病假。做出这样的处理，钟离意的用心，也还有仁的一面。

檀建就这样回到家里。但他总是不到县衙上班，引起了老父的怀疑。檀建不得不将事情的原委，一五一十地向父亲坦白了。那时候，社会上很重名誉。像做官贪污这种极不光彩的事，一旦在犯者的家乡传开，他的家人、亲戚都会抬不起头来。乡里的“清议”，甚至比在官场更严厉，会传得很广很久。檀建的父亲想不到儿子竟然犯下这种“贪赃”罪，整个家族都将为之蒙羞，既痛恨、羞愧，又伤心已极。他摆了一桌宴席，与儿子同吃。吃完后，他对檀建说：“吾闻无道之君（汉代地方官，习惯上也常常被称之为“君”）以刃残人，有道之君以义行诛。”在老父的责令下，檀建饮毒药自尽。

在檀建的父亲看来，钟离意不杀檀建，就是要让他自裁，以保全他自己和家族的颜面，而不是要法外开恩。老人家的这种想法，其实并不合乎钟离意的本意。而他要儿子以死谢罪，最根本的原因，还是当时社会上把贪污看得极重、极可耻，他的家族承受不了这种社会压力。

檀建贪污的财物虽然很少，但犯罪的性质，无论在法律上，还是在社会普遍的观念中，都是极可耻的。钟离意追究这样一件小事，并且不让檀建继续做官，根据的不仅是法律，也是当时社会的一般看法。由此可见，反贪固然要严格执法，也必须有好的社会风气配合。如果社会上不以小贪为贪，甚至以贪为能，以贪为荣，廉耻之心丧尽，没有了任何“清议”，檀建也许还会自觉冤枉，父母、兄弟及族人还会到处为他鸣冤叫屈，乡里乡亲还会为之呼应。那么，惩贪的制度就不能起作用，钟离意对檀建的这种处理方式，只能流为对贪污的一种退让和放纵。

汉明帝的时候，钟离意官升尚书。一次，交阯郡太守张恢的贪污案审结，人被押到京师处死，赃物充公入库。明帝一时兴起，就以部分赃物赏赐群臣。但钟离意却把自己分到的几颗珠宝当场扔到地上，对明帝更是连一句感谢的话也没有。明帝问他为什么。钟离意说，孔子渴了，但名为“盗泉”的水，是不喝的；曾子看到名为“胜母”的邑，是不敢入的，掉转车头就走；自己作为朝廷大臣，当然也无论如何不敢拜领这种作为赃物的珠宝。他的这番话，是要提醒明帝，查办了这么一个大贪官，朝廷上下都应该警惕自励；如今拿着缴获的赃物兴致勃勃地赏赐官员，官员们哪里还会有什么惕励之心；更不会为官场上出现这样的贪腐之辈而感到羞耻了。明帝听懂了钟离意的话，不由地赞叹道：“钟尚书的话，真是干净啊！”

钟离意所在的时代，无论朝廷，还是社会上，都是有清议的。有清议，官场和社会上的风气就比较好，惩贪的制度就能够比较好地执行，像钟离意这样既用心于仁，又严于执法的官员，在官场上也才有立足之地。

王导与周顗之死

王导出生于山东世族，早年曾与司马睿结为好友。西晋“八王之乱”后，司马睿奉司马越之命，去镇守下邳（今江苏濉宁西北）；王导则做了司马睿的谋士。

公元 307 年，司马睿被封为安东将军，镇守建业（今江苏南京），指挥扬州、江南的军事。由于王导的努力和劝导，原本没有什么名气和威望的司马睿，获得了中原南下的士族名流和江南名门望族的共同支持，在江南站住了脚。后来，刘曜攻陷并焚毁洛阳后，中原大量人口到江南避难。其中有不少中原的世族，他们往往举族南下，并拥有一定数量的依附人口。王导建议司马睿吸收这些人共创大业。他还提出了意在使南方人和南来的北方人都能够安居乐业，使南北大族能够和睦相处的“镇之以静”的政策。

在王导的努力下，江南安定了。那时，朝野上下都称赞王导是管仲再世。但是，王导对自己约束很严。司马睿曾授予他都督中外军事的职务，他却无论如何不肯接受。因为，他的堂兄王敦，那时已掌握着江、扬、荆、汀、交、广六州的军事。如果他再接受这样的军事要职，不仅对自己的身家性命不利，对晋朝的稳定也不利。王导深知，司马氏家族处心积虑地篡夺了曹魏政权，对臣下可能的篡权也都会有一种特殊的敏感；这样的敏感，随时都可能引发君臣之间的冲突；而刚刚建立的东晋，是经不起这样的冲突的；要避免这样的冲突，唯一办法就是做大臣的人能够自我约束。

公元318年，司马睿正式称帝。司马睿要王导与他同坐御床，接受大臣们的朝贺。王导对司马睿说，如果自己跟皇帝坐在一起接受大臣们的朝贺，天下的老百姓会搞不清究竟谁是皇帝的。那时，“王与马，共天下”已成事实。对此，王导是非常警惕的。实际上，司马睿已处心积虑，要削弱王氏的势力。后来，司马睿重用刘隗、刁协，而疏远王导，并暗中进行军事准备。当然，王导也不会甘心束手就擒。他暗中联络了王敦，准备清君侧。

公元322年，王敦率军进攻建康。情况紧急，刘隗劝司马睿立刻把王导全家都杀了。王导极有心机，每日率领家族中人，在宫门口等候发落。以这样的姿态，向司马睿证明自己的忠诚。大臣周顗跟王导关系很好，而且正受到司马睿的重用。他竭力维护王导，向司马睿担保王导的忠诚。而朝中的大臣们，也都同情王导，认为王导不会背叛朝廷。这种种因素，终于使得司马睿没有对王导动杀心。

然而，当王导率领全家在宫门口听候发落时，曾见到周顗正去上朝，便大声央求他在司马睿面前为自己辩白，说一家百余口的性命都托付他了。周顗却不理睬他，目不旁顾地直接走进皇宫。等到出宫时，周顗又是一副喝得醉醺醺的样子，仍对王导不理不睬。王导哪里知道，那天，周顗不仅当着司马睿的面为他辩白；回家后还专门为此事上书司马睿。周顗是个酒徒，为人粗犷。他不想在王导面前以恩人自居，也不愿意让人觉得他为王导辩护是出于私谊。但他哪里想得到，他的这种君子风度和机智，却令在他看来是君子的王导，因此动了小人之心。不仅不能体会他的良苦用心，而且还恨之入骨。

王敦攻入建康，想废掉司马睿，因王导的坚决反对而作罢。但王敦说要提拔周顗，王导却不予理会。王敦说那就干脆把周顗杀掉，王导也不反对。结果，周顗就被王敦杀害了。

东晋的皇权是非常弱的，世族的力量却非常强大。一旦皇权倾覆，世族就会群起问鼎。而维持世族间的平衡，则是皇权存在的基本前提。王导竭力扶持东晋王朝，表现出一个真正的政治家的见识和风度。但是，在杀害周顗的这件事上，王导完全是出于小人之心。专制的政治环境常常是险恶的。周顗正处于顺境，没有想到处于生死关头的王导还会有小人的一面。事后，王导翻阅朝廷档案，见到周顗的上书，才知道自己已铸成不可挽回的错误，痛苦得不能自已。可是，他还是想为自己开脱。说什么周顗虽然不是自己所杀，却是因为自己而死。这样来开脱自己害死周顗的罪责，不仅虚伪，更完完全全是小人心肠了。

“主昏于上，政清于下”

北齐时的杨愔，出身豪门，家里先后出过十二个刺史、七个郡守，父亲曾做过北魏的尚书令。但在北魏末年的战乱中，杨家家破人亡，只有杨愔和他的两个弟弟、一个妹妹幸免于难。杨愔后来投奔了高欢，娶了高欢的女儿，官也做得不小。高欢死后，他的儿子高洋于公元550年废掉东魏孝静帝，建立了齐朝，史称北齐。

高洋初立时，十分勤政，对宗亲贵族的违法行为也敢于制裁，大臣们对他是很敬畏的。但到了后来，他就变得残暴荒淫了。他酗酒，醉了就要酒疯，甚至漫游街市，露宿街头；有时还脱光了衣服狂奔乱呼。这种事情，传得京城里的人都知道了。有一次，他拦住道旁的一个妇人，要她说说对当今皇帝的看法。那女人不知眼前问话的人就是皇帝，说：“疯疯癫癫的，像什么皇帝。”他听后，马上把那个妇女杀了。他以杀人取乐。都督韩哲，一点事情都没有做错，被他当着众人叫到跟前，挥刀斩成几段。尚书左仆射崔暹死了，他亲自前去吊唁。他问崔暹的妻子是不是想念丈夫，崔暹的妻子说，结发夫妻，当然是很想念的。他告诉她，现可以去见丈夫了。说完，竟一刀将她的头砍了下来。如果他喝醉了酒，杀人就更随便了。他的两个亲弟弟，因为劝他不要喝酒，被他关入铁笼，然后杀害。他的淫乱，更是令人发指。高家的女眷，不分亲疏，他都要奸淫，或赏给左右，不顺从就处死。他看上了元昂的妻子，就把元昂召入宫中，令其伏在地上，将他一箭一箭射死。他是一个少见的暴君，神智上也确实存在一些问题。但是，在他在位期间，朝政是交给杨愔处理的。那时候，事情很多，而且千头万绪，但杨愔总是把朝廷的事情处理得有条不紊。然而，更重要的是，在这样一个暴君的身边做事，杨愔总是设法保护满朝的公卿大臣。有一个叫裴谓的人，上书批评高洋暴戾。高洋大怒，说裴谓这样的蠢人，怎敢这样骂自己。杨愔担心他会杀裴谓，连忙打趣说，裴谓一定是想着法子要皇帝杀他，好从此成名。听杨愔这样说，高洋马上打消了杀裴谓的念头，说就是不杀裴谓，看他拿什么成名。

杨愔能这样救人是很不容易的。高洋虽然以他为相，但同样把他当成可杀可打的奴仆。高洋如厕，要杨愔给他递送“厕筹（便后除秽用的）”。曾经，高洋还用马鞭抽杨愔的背，抽得他鲜血淋淋。有一次，高洋还企图用小刀划杨愔的肚子。还有一次，高洋把杨愔塞在一口棺材里，然后装上了丧车。说实话，整日伴着高洋这样的暴君，杨愔时刻都会提心吊胆的。杨愔的可贵之处，就在于他并不因为自己有危险，就忘了忍辱负重的道理。那时候，高洋一喝醉酒，就以杀人为乐。为此，杨愔把一些死囚关在宫殿旁的房间里，称之为“供御囚”。每当高洋要杀人取乐，就让他杀这些死囚，以免滥杀无辜。这样一来，宫廷中的恐怖气氛大大缓解了，不知有多少官员和宫廷其他人等，因此保全了性命。当时，朝廷大臣中，很多人对杨愔心存感激，因此对他的政绩也多少有些溢美之词。他们形容当时的朝政，是“主昏于上，政清于下”。意思是说，皇帝是昏暴的，但国家的政事，因为有了杨愔，还是很清明的。

徐勉重名

南朝的徐勉，史书上说他少而“孤贫”，又很有才华，六岁时写的祈晴祷文，就被乡里有名望的长者称赞。用现在的眼光看，可以称得上是“神童”了。

徐勉在萧梁时，官做得很大，一直做到宰相。他非常能干，每天办公桌上文件堆积得再高，纵有一屋子客人，他坐定之后，照样是“应对如流，手不停笔”，审批、起草文件，即便名讳之类的事，都从不会搞错。

盛名之下，徐勉很年轻时，就有不少有身份的人要结交他。那还是在萧齐时，琅琊王王融（王导六世孙），几次托人给徐勉带口信，说要见他。徐勉却对人说，此人名声很大，处世却不谨慎，是沾不得的。果然，王融不久以后就因为参与宫廷斗争失败被杀。待人接物有这样的谨慎和先见之明，当然是一种美德，徐勉也因此很为当时人所称赞。

能干、谨慎和机敏之外，徐勉还有一个非常重要的特点，就是非常看重自己的名声；而且不仅重当世之名，更重身后之名。

梁武帝北代，徐勉“参掌军书”，处理大量的军情文书，经常是没日没夜，接连几十天不回家，以至于他偶尔于夜间办完公回家时，居然家里的狗都不认识他了，以为来了生人，群起而吠。有一次，徐勉很有感慨地对身边的人说：“我忧国忘家竟到了连家中的狗都不认识我的地步。我死后如果人家为我立传，这样的事也是可以写到我的传记里去的。”

因为重名，徐勉是很注意自己的行为的。勤政自不必说，他还非常奉公守法。他习惯与门人在晚间聚会。有一次，一个叫虞嵩的人，于酒酣耳热之际，壮着胆子向他要一个官做。徐勉即正色告诉他：“今夕止可谈风月，不宜及公事。”帝制之下，同样有自己的公私观。徐勉身为高官，把公私分得这般清楚，也是注重个人名声的一种表现。

对于身后之名，徐勉更是看重。徐勉从不经营产业，家无积蓄，甚至需要用自己做官的俸禄来接济穷亲戚。为此，门人和朋友常常提醒他搞一些产业经营。徐勉对这些人说，人家要给子孙留财，我要给子孙留一个清白。子孙如果自己有本事，那自然会有财产；如果没有本事，我留财产给他们，最终他们也保不住。这不禁让人想起汉朝萧何为自家建房置地，都找僻远贫瘠的地方，说是“后世贤，师吾俭；不贤，勿为势家所夺”的故事。徐勉的想法，与萧何有共同的地方。所不同的是，萧何的话体现出的是一种智慧，而徐勉的话更体现出一种为人为官应有的品德。

徐勉曾在信中告诫他的长子，说徐家世代为官清廉，所以常常过得“贫素”，但从不曾有过经营产业的想法；如今自己的尊官厚禄，不是因为自己有本事，而是由于先辈风范带来的福庆；古人“以清白遗子孙，不亦厚乎”，以及“遗子黄金满籯（箱，读 yíng），不如一经（儒学经典）”的教训，自己是奉为至理的；自显贵以来的三十年，门人故旧提供给自己的好处，或种种发财之道，自己一概拒而不纳，不仅是不愿去做与民争利的事，也是为了省去因此而来的种种要求投桃报李的利益诉求。他还向儿子解释了自己中年以后，在郊外建了一座小园子，目的也“非在播艺，以要利入”，而在于“穿池种树，少寄情赏”，等老而无用时也有个去处。最后，他郑重地写道：所谓孝，就是要善于继承父辈的志向，遵从父辈的做法；作为家中长子，如果能做得到他的要求，那他也就不会留有遗憾了。

徐勉对于身前身后名声的看重，不仅在于自己，而且还在于子孙后代。帝制时代的官僚，能这样看重名声，图的不是虚名，不是一时之名，真难能可贵！值得后人倍加珍重！

识大体而固执的李德林

李德林原来在北齐做过官，因为学问博洽，文章又写得好，名气很大。北周灭齐，周武帝很得意，说早就听说李德林文章写得好，现在可以为他所用了。北周的宣帝荒淫无道，临死的时候已不能说话，他平时所信任的大臣刘昉和郑译，就矫诏请外戚杨坚入朝主政。其实，刘、郑二人的心思，是想通过这样的做法，拉拢杨坚，并为他们所用。那时李德林已做了杨坚的谋士，他对杨坚说，要么总揽一切，如果在他们手下，就无法树立自己的权威。杨坚听从了李德林的建议，独自掌了大权。

这以后，李德林成为杨坚的心腹，重大的事情都有他的参与。那时，朝廷要起草的机密文件，每天都有百余份，都由李德林负责。这些文件，有的必须尽快发出，一点都不能耽误的。但李德林就是有这样的本事，可以几份文件同时口授，口授完也不用改。可见他不仅文章写得好，对军国大事也了如指掌。

尉迟迥举兵讨伐杨坚。杨坚派韦孝宽任主帅前去攻打，不料途中遇到洪水，军队被一条大河挡住，无法继续前进。这时有人向杨坚密报，说大将梁士彦、宇文忻、崔弘度都接受了尉迟迥的贿赂，现在军心不稳，都在议论此事。杨坚听了十分担忧，准备撤换这三个将军。参与商议此事的大臣们，除了李德林，也都认为应该这么做。而李德林对杨坚说，这些将军都是国家的贵臣，并没有驯服，现在能叫他们去打仗，不过是借皇帝来发号施令；撤换了他们，怎么能断定新派去的人，就一定会像心腹那样；何况接受贿赂这件事，真假难明，但临阵换将，可是会引起恐慌的；而为了防止他们逃跑，还要把他们关起来，弄得主帅韦孝宽也不安心。他提议，不如先派个心腹的人到前线去，让他留意观察，见机行事。杨坚听了恍然大悟，知道如果不是李德林的提醒，这次就铸成大错了。他按照李德林讲的办法去做了，果然把事情处理得很好。

杨坚称帝后，李德林被任命为内史令。这个职位，相当于宰相。不久，有人建议杨坚把北周皇室斩草除根。当时，大臣们都支持这么做，当朝大臣高颎和杨惠也不得不赞成，只有李德林认为这样做不妥，还争得很厉害。杨坚恼火了，粗暴地训斥李德林，说他不过是个读书人，像这样的事情是轮不着他管的。之后，杨坚将北周皇族全部杀尽，并且一有机会就会给李德林颜色看。

但是，对李德林的才能，杨坚还是非常欣赏的。当时，隋朝要修订新的律令，李德林与高颎等人一起主持了这项工作。等律令修订完毕，杨坚还特别奖赏他九环金带一条、骏马一匹。杨坚之所以要赏他，是因为他对历代的律令，既做了大量的删减，又有不少增改。但是，这些律令颁布后，大臣苏威不断提出要修改某条某条。李德林对此很有看法，认为法令一经颁布，就应该坚决执行，即使有些小地方不合适，只要不影响大局，就不能总是去改动。苏威自以为是，不久又提出每五百户设一个乡正，让乡正审理民事诉讼。李德林听说后坚决反对，说当初废除乡官审理制度，是因为这种审理往往受到亲朋故友各种关系的影响，造成不公平；现在设乡正专门负责五百户人家的民事诉讼，恐怕会有更多的弊端。他还强调说，天下不过就几百个县，六七百万户，但选几百个县令，还担心选不到称职的；而全国那么多个乡，都要选出一个能治理五百家的人，恐怕更选不出。此外，李德林还提出了设立乡正的一些技术上的问题。杨坚于是让大臣们开会讨论这个问题。当时，大臣们都同意李德林的意见，但最后杨坚还是采纳了苏威的建议。苏威接着又提出撤销郡一级建置。李德林问他，修订法令时，为什么不提出这个意见，却要在法令刚颁布时提出修改。但是，杨坚还是采纳了苏威的建议。

隋朝建立以后，一个重要的任务是灭陈。对此，李德林提出了很多好的建议。灭陈以后，杨坚要重赏李德林，并且赐以很高的爵位。于是有人找到高颎，说把功劳都归了李德林，将领们恐怕不服。高颎听了这话，马上煞有介事地去向杨坚汇报。杨坚听说后，就将此事取消了。杨坚的器量是不大的，他在任何时候，可能都会记起李德林对他的顶撞。

也就在灭陈的第二年，即公元 590 年，有官员向杨坚报告，说当初设立的五百家乡正的制度，已成为扰民的弊政；那些乡正们往往凭关系的亲疏远近来断案，还公开收受贿赂。杨坚于是下令将这一制度废止了。李德林于是上奏，批评朝廷政令不统一，朝令夕改。他提出，对那些随随便便建议修改法律的人，一律处以军法。杨坚看了这份上奏大怒，骂李德林把他当成了王莽。接下来，杨坚不断地挑李德林的错，终于把李德林贬出京城，去做一个州刺史。对于这一职务，李德林似乎很不胜任。

从以上所讲到的李德林的种种为官事迹，可以看出他是个非常识大体的人。他敢于坚持自己的意见，因而当时人批评他固执。也许，他是有些固执。但他的固执，显然不是在那些鸡毛蒜皮的小事上，而都是有关大局的。这正是他的可贵之处。

姚崇："善应变以成天下之务"

姚崇在武则天时，曾任夏官郎中（即兵部郎中）。因为能干，很快就升为侍郎。武则天杀了酷吏周兴和来俊臣之后，姚崇向武则天进言，说周兴、来俊臣查处的那些谋反案件，都是刑讯逼供造成的，他愿意以全家一百多口人的性命为这些被冤枉的人担保。武则天听了很高兴，说过去做宰相的人都只知顺从，只有姚崇的话合她的心意。此后，姚崇不断被重用，直至官升宰相。但是，因为拒绝了武则天宠幸的张易之的请托，姚崇又被贬出京城为官。

公元705年，姚崇在回京时，参与了拥立中宗李显复位的政变。当武则天被逼迁往上阳宫时，姚崇流下了眼泪。为此，他被贬往地方做州刺史。但知道内情的人说，韦皇后大权在握，与武氏家族沆瀣一气；武氏家族定会伺机报复逼武则天退位的人；姚崇是故意哭给他们看的。

等到睿宗李旦复位，姚崇又重回朝廷，官拜兵部尚书，以后又担任了中书令，也是宰相之职。但是，因为建议睿宗让热衷干政的太平公主住到东都洛阳，让掌管禁军的各亲王到地方任刺史，惹得太平公主大怒。好在有时为太子的李隆基出面保护，姚崇再次被贬到地方上做州刺史，算是很轻的处分。

玄宗李隆基消灭太平公主后，打算重新起用姚崇，就让姚崇跟他一起去打猎。那一年，姚崇已经六十四岁了，但打猎时的一招一式都中规中矩。玄宗知道他身体还是很棒，就要他出任宰相。姚崇说，有十件大事如果皇帝认可，自己敢做这个宰相。这十件事，概括起来说就是：法要宽大；不穷兵黩武；严惩犯法的宠臣；禁止宦官、外戚、皇亲干政；不接受地方官的贡献；礼遇大臣；虚心纳谏；不再建造道观佛寺。这十条，玄宗都答应了。

唐朝的宰相，同时有好多个，一般总是各司其职，遇到大事则共同商议。而玄宗凡事都很精明，宰相们都怕他，整日唯唯诺诺，不敢有自己的意见。只有姚崇，因为深受玄宗信任，政务敢于决断，揽了很多权在手里，别人倒成了“伴食宰相”。对于处理政务，姚崇有着非常强的应变能力。他曾不无得意地问他的下属，自己比历史上的管仲、晏婴如何。他的一个下属说，管仲和晏婴处理政事，别人是学不了，他们却有自己的一定之规；而姚崇处理政事，遇到情况不一样，处理的方法也随之改变，称得上是“救时之相”。玄宗初政，时当外戚权臣干政之后，政务混乱复杂。但处理这种混乱复杂的政务，姚崇显得游刃有余。史书上说姚崇“善应变以成天下之务”，是不夸张的。

官场险象丛生，姚崇亦极机敏警惕。他在做同州刺史时，一个叫张说的宰相，曾怂恿官员上书弹劾他。姚崇复任宰相，又有玄宗的特殊信任，张说怕他报复，就经常秘密地到岐王府套近乎。有一天早朝结束，姚崇故意一瘸一拐地走路。玄宗问他怎么回事，他说是脚不行了，不痛，却心怀忧惧。玄宗问怎么回事。姚崇说，岐王是皇帝的爱弟，张说现在跟自己同为宰相，却秘密地进出岐王府，恐怕会对岐王有不好的影响。玄宗听了，就把张说贬到地方上去做刺史了。还有一个名叫魏知古的人，是姚崇推荐给朝廷的，后来也做了宰相，对姚崇却时有不敬，姚崇就把他派到东都洛阳。姚崇的两个儿子，那时也在洛阳做官。兄弟二人喜欢交游，多受馈赠，甚至去托魏知古办事。魏知古就把这些情况，秘密地报告给玄宗。玄宗就问姚崇，他的两个儿子是不是有才干，现在都在哪里。姚崇一听，就猜到是魏知古在告状，就对玄宗说，自己的两个儿子在洛阳做官，为人多欲，肯定会为了私人的事情去找魏知古。姚崇不袒护自己的儿子，令玄宗非常高兴。他问姚崇，怎么料事这么准。姚崇说，自己推荐了魏知古，他们兄弟俩觉得魏知古应该报恩，就跑去找他。玄宗觉得魏知古人品不好，要罢他的官。姚崇连忙劝阻，说自己没有管教好儿子，如罢斥魏知古，会让人家觉得皇帝做事不公平。显然，姚崇虽然能干，心胸却不宽广，也很有手腕。

然而，越是被信任的臣子，稍微犯点小错就可能引起皇帝严重的猜疑。官员赵诲接受了别人的贿赂，法当处死。姚崇与赵诲的关系一向很好，有意要救赵诲一命。时逢朝廷大赦罪犯，玄宗就是不赦免赵诲。这让姚崇明白，皇帝已不再信任他。于是，马上交还相印，并推荐宋璟来代替自己。看来，在那个时代做官，就是在政治清明的时候，也还是很不容易的。皇帝要防，同僚也要防。否则，官都做不成，又怎么谈得上做一个好官呢？

姚崇罢相以后，李隆基很想念他，让他每五天入朝一次，礼遇很厚。

宋璟："守文以持天下之正"

宋璟是一个很严正的人，非常好学，文章也写得好，为武则天所赏识，官拜御史中丞。有一次，张易之诬蔑御史大夫魏元忠有冒犯武则天的话，说宰相张说可以为证，要在朝廷上跟魏元忠对质。宋璟就对张说讲，一个人的名声是非常重要的，决不可以为了活命就诬陷别人；何况为了这样的事情受责，会有好名声的。他还向张说保证，如果他被陷于死罪，自己一定全力援救，甚至不惜与他一起赴死。张说被他感动了，说了实话，总算救了魏元忠一命。

中宗李显复位后，宋璟官拜吏部侍郎。那时，武则天的侄子武三思，仗着与韦皇后有染，几次找宋璟，干预官员的任免。但宋璟总是告诉他，不要干预朝廷的政事，并以西汉吕氏被灭族的事提醒他。后来，一个叫韦月将的，告武三思秽乱后宫。李显很恼火，要杀掉韦月将，宋璟却坚持要查清事实。为此，宋璟被贬出京城。等到睿宗李旦复位，他才回到朝廷，做了宰相。但不久，又因为建议削夺太平公主和诸王的权力，被贬出京城，到地方上任州刺史。

公元 716 年，因为姚崇的推荐，宋璟从广州都督的任上被召回。当时，前往迎接的，是玄宗李隆基的内侍杨思勖。回来的路上，宋璟没有跟杨思勖说一句话。杨思勖很受李隆基宠幸，心里愤愤不平，回到朝廷就告了他一状。李隆基听了，反倒更加看重宋璟了。

做了宰相，宋璟非常注意任用官员，力求做到人尽其才。官员若触犯了法禁，他不讲私情，严格依法办事。有一次，宋璟陪李隆基去洛阳。路上经过一个地方，道路很窄，且年久失修。为此，李隆基要罢免与此有关的地方官。宋璟说，为这样的事罢免官员，老百姓要受苦了。意思是说，地方官怕丢官，会随意征发老百姓服役修路。李隆基听明白了，就把命令取消了。李隆基与一个叫姜皎的官员非常亲密，准许他随意出入皇帝卧内，跟后妃们同榻宴饮，还总是予以赏赐。姜皎的弟弟姜晦，因为这层关系，还做了吏部侍郎。宋璟就直言不讳地对李隆基说，姜氏兄弟的恩宠太过了，这样对他们兄弟俩并不好。李隆基听了，就让姜皎回乡闲住，让姜晦去做了个没权的官。皇后的父亲去世了，要砌五丈多高的坟，宋璟却坚持按常规办，并封还诏书，说节俭是最好的品德，奢侈是很严重的恶，不符合礼法，不能因为是皇后的父亲就破坏了朝廷的礼制。李隆基对宋璟说，你讲的都是别人很难开口讲的，还是照宋璟的意见办了。突厥默啜不断地为患中国，唐朝一直拿他没办法。后来，边将郝灵荃砍了他的脑袋，自以为立了了不起的大功，等着朝廷奖赏。但宋璟认为，皇帝如果喜欢武功，那些边将为了立功获赏，就会故意挑起战争。因而皇帝只给了郝灵荃很少的奖赏，并且过了很长时间，才给他当了个郎将。

作为宰相，宋璟非常注重自己的职责，不会唯皇帝之命是从；皇帝做错了事，也决不肯装聋作哑。有一年日食，李隆基摆出一副施仁政的派头。宋璟就对他说，人们都说日食修德，月食修刑；其实，这世上的事情，无非是君子和小人此消彼长；不让女人干政，不听小人的谗言，这就是修德；不兴冤狱，不穷兵黩武，官吏不苛暴，这就是修刑；皇帝陛下只要经常记得这几件事，不管他日食月食，都会转祸为福的；君子做事，就是少说空话，用自己的真诚来感动上天。这些话讲得很厉害，李隆基表示接受，心里却不一定痛快。

宋璟离开广州的第二年，广州的官员和百姓给他立了一块“遗爱碑”。知道了这件事，宋璟很不高兴。他在给皇帝的上书中说，自己在广州并没有做什么特别的好事，现在有人因为他升了官，受到皇帝的信任，就来搞这些阿谀奉迎的事，朝廷如果想要祛除这样的风气，希望就从这件事上做起，下令从此禁止这样的事情。可见，宋璟不是那种喜欢吹吹拍拍的人。而正是通过这件事，这种为地方官立碑记功的风气也被杜绝了。

史书上说，宋璟“守文以持天下之正”。“守文”就是讲原则，就是“持正”。宋璟的为官事迹，无一处不体现出这样的风格。

宰相小友李泌

李泌是唐史上一位重要而特殊的人物。历事玄宗、肃宗、代宗、德宗四朝，经历了开元盛世和安史之乱。他一生都有一个逍遥世外的“神仙”梦，却总也不能忘怀于忧国忧民。他真正“从政”，是在安史之乱爆发后；或为谋士，或任宰相。唐朝在安史之乱中得以转危为安，在安史之乱后得以渐趋稳定，李泌是有特殊贡献的。而在这一过程中，他的几上几下，由“经世神仙”而“造命宰相”，极富传奇意味。此篇，则讲讲他曾经又是怎样的一个神童。

公元728年，唐玄宗找了一些人到宫中谈佛、道与孔子之学。这些人中，有个叫员俶的，当时还仅仅是一位九岁的少年。员俶的祖父叫员半千，在朝中做过官，很有学问。员俶词锋甚锐，跟人家辩论，谁都辩不过他。玄宗很欣赏员俶的才能，说员半千的孙子当然不同凡响。他又问员俶，所认识的小孩子中有没有跟他一样的人物。员俶就说，他的表弟李泌很了不得。玄宗听了，立马派人召李泌进宫。

李泌那一年，虚七岁。他到宫中时，李隆基正与宰相张说在下棋。见李泌来了，李隆基就让张说考考他。张说让李泌以“方圆动静”为题作赋。李泌要张说先示范一下。张说就说：“方若棋盘，圆若棋子，动若棋生，静若棋死。”但是，他告诉李泌，这“方圆动静”，都不得写实，只许写虚。李泌踱着步子，想了一会儿，便应道："方若行义，圆若用智，动若骋材，静若得意。" 玄宗听了大吃一惊，大赞李泌精神器量非凡，当即给予奖赏，并叮嘱李家要好好地培养李泌。

宰相张九龄，对李泌尤为器重，也极喜欢他，经常把他带在身边。张九龄有两个下属，一个叫严浚，一个叫萧诚。严浚对萧诚印象很坏，认为他这个人很谄媚，提醒张九龄不要接近他。一天，张九龄自言自语地说，严浚这个人"苦劲"，而萧诚"软美"。"苦劲"就是率直而难相处，"软美"则是顺从而好相处。李泌听了很不以为然，对张九龄说："您以布衣而为宰相，都是直道而行的，怎么就喜欢'软美'之人呢！"张九龄被一个小孩子这样当头棒喝，顿时醒悟，连忙承认错误，从此称李泌为"小友"。即从这样一件小事上，也可以看出李泌从小就是个直率而具有正直品格的人。

李泌长大后非常博学，对道家的长生术尤感兴趣，更向往道家的神仙境界。玄宗则一直记得还有他这么一位神童，曾召他入宫讲《老子》，还要给他官做，李泌却无论如何不肯接受。玄宗只得让他以待诏翰林的身份，到东宫陪伴太子。从那时起，李泌就与皇太子李亨建立了良好的关系，不是他的随从，而是他的布衣朋友，李亨则称李泌为"先生"。

玄宗晚年依恋杨贵妃，重用杨贵妃同高祖的堂兄杨国忠。李泌因写诗讽刺杨国忠等人，被赶出京城，安置于蕲春郡。在那里，李泌遁迹于名山，隐然自适。至安史之乱爆发，玄宗入蜀，李亨在灵武即皇帝位，才召李泌去灵武相见。李亨要李泌当宰相，李泌坚决不从，要求李亨以朋友之道待他，说这样比宰相还要显贵，也成全了自己不做官的愿望。李亨听他这么说，只好不再勉强。从此，李泌开始了他“经世神仙”的生涯。

从“经世神仙”到“造命宰相”

李泌到灵武，第一件事，就是说服肃宗李亨任命皇长子李豫，为天下兵马元帅，以避免皇位继承权和军事处置权发生冲突，造成唐朝战时政局不稳。那时，军中说肃宗是“黄衣圣人”，李泌是“白衣山人”。李泌的这种神仙形象，令肃宗很不舒服。他让李泌换上紫颜色官服，宣布他为元帅广平王（李豫）行军司马，说只有等到把叛乱镇压下去了，他才可以去逍遥。公元757年，唐军攻克西京，李泌便提出到衡山隐居。其实，他是因为肃宗听信谗言，杀了次子李倓，才要离开朝廷的。

公元763年，安史之乱即将平定，太子李豫在一场宫廷政变中即皇帝位，是为代宗。过了五年，李豫召李泌进京，但是对他只肯接受翰林学士的名头很不甘心，就勉强他食酒肉，娶妻生子。两年之后，因为宰相元载的排斥，李泌被派到地方上去做判官。临走时，李豫跟他说，等除掉元载再召他回京。又过了八年，元载被杀，李泌再次回到京师。可不久，又因为宰相常衮的排斥，李泌再次被派到地方上做团练使，后调任州刺史。此时的李泌，其实已不再做他的神仙梦了，而是希望留在朝廷，好有一番大的作为。

代宗去世，太子李适继位，是为德宗。德宗不许藩镇世袭，激起一波又一波的节度使反叛。公元784年，德宗逃往奉天（今陕西乾县），而后又逃往汉中。期间，德宗想起了李泌，重新召他回朝廷。刚巧，叛军主帅朱泚此时在唐军和吐蕃的夹击下，被打得大败。李泌遂接受陆贽的建议，宣布赦免追随朱泚叛乱的其他节度使；并力排众议，主张对与朱泚勾结最紧密、危害最大的河中节度使李怀光，坚决予以荡平。荡平李怀光，遂使唐朝在军事上取得了对藩镇的优势。

德宗请吐蕃出兵夹击朱泚时，曾约定将安西、北庭都护府的辖地作为对吐蕃的酬谢。李泌认为，安西和北庭都护府，控制着西域五十七国和突厥的十个大姓，是善战者汇集之地，阻碍着吐蕃势力东侵；一旦为吐蕃所控制，唐朝的关中就不稳了；何况吐蕃向来不讲信用，唐朝也不必跟它讲信用。为了使唐朝摆脱吐蕃的威胁，李泌还为唐朝制订了利用回纥、南诏，以钳制吐蕃的计划。公元 788 年，唐朝实现了与回纥和亲，使回纥同意为唐朝牵制吐蕃。按照李泌的设想，公元 793 年，南诏国也脱离了吐蕃，与唐朝重修旧好。从此，吐蕃不再能够威胁唐朝的安全。

鉴于对历来藩镇为患的疑惧，德宗在平定诸节度使的叛乱之后，对诸如李晟、马燧、浑瑊这些在平叛中建立了卓著功勋的武臣抱有深深的敌意。他不仅削去了李晟、马燧的军权，对李晟更是百般猜防。战功卓著的武将们为此感到愤怒、心寒和疑虑，不再肯为朝廷出力，而不断加剧的唐朝党争也于此时趋于白热化。

为了能够缓和、平衡朝廷上长久以来紧张的人事关系，德宗决定任命李泌为宰相。下达任命那天，德宗对李泌说，当年在灵武他就应该做宰相了；并煞有介事地要求李泌不要报私仇，说如果有恩要报，倒是可以由他这个做皇帝的来报。李泌明确向皇帝表示，自己从来就不记仇；而那些跟自己关系好，或有恩于自己的人，要么已享有高官厚禄，要么不知道飘零何处，所以也无恩可报。他还当着李晟、马燧的面，直言不讳地对德宗说，将军们立了大功，却有人进谗言要害他们；皇帝固然英明，但为了使将军们放心，必须保证不加害他们；一旦发生这样的事，那宫中的宿卫、藩镇的节度使，都会被激怒的，京城内外会再生祸乱；做皇帝的人，决不能因为人家立了大功就心生疑忌，大臣也就不会因为官做得太大而自危了。德宗当即承诺，自己决不会做这种事。一场君臣冲突的危机就此化解。

公元 789 年，李泌去世，任宰相不足两年。在这不足两年的时间中，他是豁出命来要做“忠臣”的。德宗要更换太子，李泌与他争执了几十次，说自己老了，不怕死；而身为宰相，因谏诤而死，是死得其所。德宗对于以往用人不当，总说是天命如此。李泌就告诫他，君主和宰相都是造命（治理国家）的；讲天命，就用不着礼、乐、刑、政了；桀、纣都喜欢讲天命；君王讲天命，就是桀、纣。

李泌一生，大多数时候都做着神仙梦。当年肃宗杀李倓，他曾发誓永远归隐江湖，“不近天子左右”。但是，他最终还是希望能够于世事有所匡救。他终于接受宰相之职，就是想成为一个造命者，而不愿坐视天下事业就此一败涂地。身为宰相，他不再顾惜性命，真正把天下国家放在了首位。

“长乐老”冯道

五代是乱世，是藩镇的天下。那时，做皇帝的人无不是最有实力的藩镇主帅；而天下藩镇之骄兵悍将也随时会杀其主帅，拥戴新人。短短的五十三年中，中原地区先后建立了梁、唐、晋、汉、周五个朝廷。从皇帝到各级文武官员，大都贪暴骄淫。世道如此，当时做官的人可谓是在虎狼丛中讨生活。然而，却也有人官做得上瘾，赋诗标榜自己：“但教方寸无诸恶，狼虎丛中也立身。”赋诗的人，名叫冯道。

冯道出生贫苦，最初是在唐朝幽州节度使刘守光那里做官。朱温代唐称帝，建立后梁；而各地藩镇与之分庭抗礼。刘守光被晋王李存勖（李克用子）灭掉后，冯道就投靠了李存勖。后来，李存勖灭梁，建立后唐，却被李嗣源（李克用义子）夺了皇位；李嗣源死，子李从厚继位，又被李嗣源义子李从珂夺了皇位；然后是石敬瑭反叛，在契丹的军事支持下兵入洛阳，灭掉后唐，建立后晋；石敬瑭死，子石重睿继位，又被皇侄石重贵夺了皇位；接着是契丹灭后晋，后晋节度使刘知远即位称帝，建立后汉；刘知远死，郭威起兵反叛，灭后汉，建立后周；郭威死，其义子柴荣继皇帝位。不算刘守光和契丹，冯道历仕四朝十帝，从小小的“掌书记”开始，把将相公卿做了个遍。契丹灭晋，他竟跑到洛阳去见耶律德光。耶律德光问他为何而来。他说，晋朝已无城无兵，自己怎么敢不来。说白了，就是去投降的。他一个已过了六十五岁的人，甚至还恬着脸对耶律德光说，自己就是个无才无德的痴顽老东西。还说，天下百姓，佛也救不了，只有契丹皇帝能救。就这样，耶律德光让他做了自己的太傅。

自从在刘守光那里做官，提了点不同意见，差点被刘守光杀掉之后，冯道就变得非常谨小慎微。他在李存勖那里，即便提些意见，都提得十分巧妙，甚至还让人觉得他很有“胆量”，李存勖也觉他说得很对。他这一生，最敢说话的时候，是在李嗣源那里。《旧五代史》评价他“发言简正，善于裨益，非常人所能及也”。意思是说，他能把道理讲得明白而纯粹，很务实，别的人远不如他。李嗣源不识字，夺取皇位时已六十岁了。但历事既多，又久经战阵，很有政治经验，人也比较宽仁。他很信任冯道，给了冯道救世的希望。那时，社会上流传的儒家经书，舛误甚多。冯道就让国子监诸儒，以唐朝郑覃所刻石经为准，仔细抄写，雕刻印刷，广为发售。在一个完全由武人统治的世界里，他希望通过儒学的传布，为国家培养文治人才。

对于政治舞台上的相互残杀和政权兴替，冯道的态度是谁在台上就服从谁，与儒家“从道不从君”的思想颇为不合。当初李从厚逃离京师，而李从珂率军进入洛阳，冯道即率领百官欢迎李从珂，还让人赶快起草一份请李从珂即皇帝位的劝进书。有人建议他先缓缓，他就教训人家：“事当务实。”有后人批评他在“国危君困”时，以“务实”为由，邀荣取宠，是“贼天理，灭风教”。讲得不无道理！

但从一般的为人来看，冯道是颇有些难能可贵之处的。他四十一岁那年，父亲去世，他回家为父亲守丧三年。守丧期间，住的是茅草屋。凡地方官所馈赠，哪怕是一斗粟、一匹布，他都一概不受。遇有歉收，他就把自己的俸禄用来周济乡里。他还自己耕种，烧柴也自己背回家。看到有人把地荒着不种，或者没有能力耕种的，他就趁夜去帮他们种。对于人家的愧疚和感谢，他也显得无所谓。生活上，他一向刻苦俭约。据说，他跟随李存勖作战，在军营中时就住在临时的茅庵里，抱一堆刍草垫在地上，就当作床席了；所得的俸禄也都用于与佣仆同食同饮，而且毫无做作。更为难得的是，有人把掳掠来的美女送他，他推却不了，就另外安置，等找到她们的家人，一概送还。

冯道晚年，自命“长乐老”，作《长乐老自序》，历数自己所担任的官职和所获得的爵位、荣誉和赏赐，连在契丹做官也不肯漏掉，自我炫耀的意态令人齿冷。他还说，无论“知”他的人多，还是“罪”他的人多，都无足多虑。清代阎若璩评论冯道，说知廉容易，知耻就难了。陈义虽高，却很落实。范文澜先生说：“哀莫大于心死，冯道就是心死透了的人。”讲得尤其中肯。在冯道眼里，乱世将继续下去，做官仍是在“虎狼丛中”。既然如此，无耻就是常态，久居茅厕，就不知其臭了。

范仲淹的“朋党”之罪

范仲淹是北宋名臣，初由晏殊推荐入朝。因反对太后刘氏干政，被贬到地方任职。公元1033年，刘太后去世，仁宗皇帝召回范仲淹，任命他为右司谏。那时，依附过刘太后的人已有不少被降职。范仲淹对仁宗皇帝说，太后受真宗皇帝遗命，保护了他十多年；有些小过错就不要追究了，要维护太后的形象。仁宗于是下令不许议论刘太后垂帘听政时的事。但是，因为反对仁宗皇帝废黜郭皇后，批评参与废后的宰相吕夷简，范仲淹又被贬到地方做官。一年多以后，才又被召回京城，判国子监。

那时，京城到处都在议论被废的郭皇后暴死，与宦官阎文应有关。范仲淹对阎文应极为痛恨，对他把宰相吕夷简捏在手里更是十分担忧。他向皇帝揭发了阎文应的罪状，使阎文应受到了严厉的惩罚。但吕夷简攻击范仲淹不是谏官，这样做是越权的。没过几天，吕夷简让范仲淹任职“权知开封府”。这是京城的最高长官，权很大，事情也很多、很复杂。吕夷简让范仲淹去做这么一个官，一是要他忙于公务，无暇上书言事；二是希望他出点什么错，好借机会打击他。他这两个希望都落空了。范仲淹继续上书，揭发吕夷简任用小人，以及种种弄虚作假的行为。吕夷简向仁宗告范仲淹的状，说他越权，还侮蔑他推荐了一个叫韩亿的人是在搞“朋党”，并指责他挑拨皇帝和宰相的关系。吕夷简深受仁宗信任，他所谓越权和挑拨这两条，都是要坐实范仲淹搞“朋党”的罪名；而一些官员则迎合吕夷简，群起攻击范仲淹，不由仁宗不信。这样，范仲淹再一次被贬去地方做官。有人为范仲淹说话，也跟他一样被贬。仁宗还下令，不许再有人为此事上书。

按理说，范仲淹的罪名中有了“朋党”一条，是很难再被提拔的。但是，由于西夏军队进犯，西北边防急需用人，而韩琦以全家人的性命担保，说范仲淹决不会与人结党营私，仁宗才重新起用范仲淹，让他担任陕西都转运使。随后他又作为陕西经略安抚、招讨使的副手，担任了龙图阁直学士。那时，一旦入阁，就表示朝廷将有重用。

公元 1043 年，西夏向宋朝提出议和，宋朝的西北边境出现了安定的现象。这一年，范仲淹入京就任枢密副使。不久，又被任命为参知政事，即副宰相。但他心里还是惦记着西北边防，担心会有什么大的事情发生。长期以来，他一直坚持在西北边境进行持久防御，担心边将好战邀功。而此时的仁宗，一心想使国家出现一个太平盛世，几次问范仲淹，国家的当务之急应该做什么。有一次，范仲淹对人说，皇帝是一心要用自己，但事情总有个轻重缓急；国家有长时间不思振作，养成的弊端不是一朝一夕就可以消除的。但在仁宗的催迫下，范仲淹终于还是拟就了十件急需做的事，主要讲的就是整顿政府机构和肃清吏治中的腐败。这十件事，在公元 1043 到 1044 年，先后以诏书的形式颁布施行，因正值“庆历”年间，称之为“庆历新政”。

当范仲淹被召回朝廷执政时，大家都对他抱有很大的希望。但新政一旦实施，很多人就受不了了。范仲淹检查地方官员的名单，把不称职的转运使、提点刑狱的名字勾出，准备全部换掉。有人对他说，他勾得容易，可被勾掉的人，一家都要哭了。范仲淹说，一家哭，总比一路哭要好（路是宋代地方建制的最高一级，下辖府、州、县各若干。转运使总管一路财赋，提点刑狱主管一路司法）。官僚子弟做官的特权，很多都被取消了，弄得这些人也怨声载道。考核政绩，不论资历的官员升迁制度，也使很多官员失去了升迁的机会。新政侵犯了官员们的特权，而且规模大，做得又急，引来了很多人的反对。在这种情况下，一些别有用心的人，又开始攻击范仲淹搞“朋党”。正在这时，境外发生辽国进攻西夏的战争。边境形势又变得紧张而复杂，仁宗于是派范仲淹出任陕西、河东宣抚使，但仍保留参知政事的职位。离开京城后，一些人更是不遗余力地攻击范仲淹搞“朋党”，新政的一些支持者也遭到了贬斥。在这种情况下，范仲淹上书，申请免掉参知政事之职。他的申请被批准了，他主持的新政，在他离开京城之后也渐渐地被搁置。

宋朝善待士大夫，故士大夫敢于犯颜直谏；而鉴于前代教训，宋朝对朋党防备尤甚。范仲淹的“朋党”之罪恰与这两者有很大的关系。

赵抃："铁面御史"与"中和之政"

赵抃是北宋历史上有名的"铁面御史"，一生行事却可以用一个"仁"字来概括。还在他任职武安军节度推官时，朝廷有一道赦令：赦令发布前制作假印者一律免死；赦令发布后制作假印者一律处死。然而，就有这么一个案子，犯者制作假印在赦令之前，使用假印在赦令之后。审查这个案子的法吏都认为应将这个犯人处死。赵抃却不同意，说赦令下达后用假印不是死罪，免了这个犯人的死刑。人命关天，必须严格依法行事！这就是赵抃的仁。

翰林学士曾公亮并不认识赵抃，却对他的办事风格和才干颇有所闻，推荐他入朝担任殿中御史，纠察百官违法乱纪的行为。宰相陈执中居相位多年，做了许多坏事。此人还极残忍，家中的一个女婢因为走出外舍，就被毒打致死。赵抃既为殿中御史，就上书皇帝，列举陈执中的八条罪状，特别指出他对婢女动用私刑，无视国法。为了缓和舆论，仁宗便假意让陈执中回家听候处分，几个月之后又让他入朝主政。赵抃立即上书，说如果陈执中有罪就应将他流放远方；如果是自己弹劾陈执中错了，那就自请流放远方。他先后上书十几次，终于让仁宗罢掉了陈执中的相位。

在殿中御史这一任上，赵抃恪尽职守，不讲情面，才有了"铁面御史"之名。在赵抃看来，朝廷之上，对君子和小人必须界线分明；小人虽然犯有小过，也应该用全力去揭露他们，以杜绝隐患；而君子不幸犯了错误，则应当保全爱惜他们的名声，成全他们爱护自己名誉的德行。比如三司使王拱辰，出使契丹期间，接受特殊礼遇，还送珠宝给张贵妃。在赵抃看来，只有小人才会做这样的事。仁宗赏赐王拱辰为宣徽北使，赵抃就坚决要求仁宗收回成命，并把他贬出京师。而对于因上书进谏而遭贬谪的官员，赵抃是一定要为他们申辩的。像欧阳修、贾黯被人攻击为“朋党”，在朝廷待不下去了，主动提出到地方去做官。赵抃对仁宗说，正人君子都纷纷要求离开朝廷，像欧阳修这样的人，朝中已不多了，现在也要走；这些人是因为正直不阿，不会讨好那些权要，才会有许多人攻击他们；若他们都走了，朝廷万一遇到什么事，还能有什么人会提出中肯的意见。仁宗听了这话，就把欧阳修和贾黯留在朝中。

因为总是与朝中权要意见相左，赵抃也地位不稳，几次出京任职，但却做得很好。他任益州路转运使，几乎到过那里每一个地方。那里山高皇帝远，老百姓对官吏的欺压，心虽痛恨，却也只能逆来顺受。但赵抃来了之后，老百姓就觉得有人可以保护他们，平时不守法纪的官吏则不得不有所收敛。他也曾被贬到虔州去做知州。虔州是个很难治理的地方，赵抃到那里以后，就召集各县县令，要他们自己想办法把县里的事情做好。县令们受到信任，都非常尽职尽力，虔州地方就安定了，牢房里常常没有犯人。

仁宗死，英宗继位，赵抃曾被派往成都任知府。英宗称赞他治理成都用的是“中和之政”，意思是说他为政宽容。英宗死，神宗皇帝继位。神宗把赵抃从成都召回，担任谏官。赵抃入朝，神宗问他，当初去成都，单人匹马，携一琴一鹤，为政很简易，是真是假。皇帝这是在提醒他，回到朝廷后不要卷入朋党。神宗看重赵抃，不久就任命他为参知政事（副相）。但因为批评王安石变法，赵抃不得不再一次离开朝廷，被派到杭州去任知州，后来又转任青州。再后来，因为成都的戍卒经常闹事，赵抃又去成都任知府。在成都，赵抃继续"中和之政"，却被人告到朝廷，说他放纵"逆党"。但经过复审，他的量刑没有不符合条例的。

赵抃后来还到越州任过知州。有一年，整个吴越地区闹蝗灾和旱灾，接着又爆发了饥荒。当时，各州都贴出告示，严禁粮价上涨。只有赵抃在越州，对粮价明令不作任何限制。于是各州的米商都涌到越州来，越州的米价比平时更便宜了，没饿死人。其他州县，饿死者往往过半。饥荒过后，吴越地区又流行瘟疫，越州也死了人。为医治病人、掩埋死者，赵抃竭尽了全力。他还采取官府出钱、百姓出力的办法，修理州治所在的城墙。城墙修好了，百姓也有钱买米吃，真是一举两得！曾巩对赵抃在越州的作为，有这样的评价："其施虽在越，其仁足以示天下；其事虽行于一时，其法足以传后。"

从赵抃一生行事来看，无论为"铁面御史"，还是行"中和之政"，他都是勇于担当的。

赵鼎蒙冤

赵鼎四岁丧父，在母亲的教导下，通读了经史百家书。进士及第那年，他才二十一岁。1126年，金军攻陷京师，俘虏了徽、钦二宗，赵鼎曾被迫在金人立的傀儡皇帝张邦昌那里担任过伪职。

南宋建立，赵鼎先后任职户部、吏部，后来任右司谏，深得高宗皇帝的信任。在担任谏官期间，他提出过四十条建议，有三十六条为朝廷所采用。那时，军人跋扈。赵鼎通过亲自审理两例军人违法案件，敲山震虎，迫使他们收敛。高宗于是让赵鼎升任殿中侍御史，专门负责纠举大臣的违法行为和向皇帝进谏。

因为是文臣，却懂得军事，赵鼎越来越为高宗所倚重，曾两次被任命为宰相；却也因为喜欢提意见，被外放地方任职。公元1138年，赵鼎因反对宋金和议，被第二次罢相；与他同为宰相的秦桧，却因为热衷于和议，受到重用。

赵鼎曾经大力推荐过秦桧，秦桧却担心高宗重新起用赵鼎，唆使手下上书告发赵鼎曾在张邦昌那里担任过伪职，使高宗不断加重对他的处罚。面对秦桧的打压，赵鼎极为不安，上书高宗言政，希望高宗能再次召他回朝廷。他越是如此，秦桧就越是要旧事重提，并诬陷赵鼎贪污和滥用公款，将赵鼎彻底罢官。就这样，赵鼎以戴罪之身被辗转发落到潮州安置，只是名义上还给了他一个节度副使的头衔。

谪居潮州五年，赵鼎闭门谢客，口不言国事，却还是被送到更远的琼州吉阳军安置。在吉阳军，赵鼎上表向高宗谢罪，其中有“白首何归，怅余生之无几；丹心未泯，誓九死以不移”之句。秦桧看后对人说：“此老倔强犹昔。”

赵鼎在吉阳三年，亲戚故旧都与他划清界限，再不来往。有一个叫王海康的人，因为从海上给他捎去一些生活必需品，就被夺去官职。赵鼎知道，自己再无生路，便派人捎信给儿子赵汾，说秦桧是非杀他不可的；自己如果不早自裁，到时候一定是全家被株连；不如自裁，换取家人的安全。最终，赵鼎选择了绝食而死，终年六十二岁。死前，他还留言：“身骑箕尾归天上，气作山河壮本朝。”《庄子》上说，傅说为殷王武丁相，后乘箕星上天。赵鼎用此典，表示自己的报效皇帝的心思永不泯灭。不过，他死后，赵汾还是被牵连到秦桧掀起的一场大案里。直到秦桧死了，才脱枷出狱。

赵鼎为人一向宽和，但还是得罪了一些人。如一个叫朱胜非的，曾与他共为宰相，就对他恨得要死。朱胜非在自己的回忆录里，对赵鼎肆意诋毁，说赵鼎出身低微，土里土气，一朝得志，马上就骄侈起来，嫌临安原来的相府狭小，非要另建一个大的，周围都种上花草竹木，相府大堂两侧安置了四个大香炉，每天要燃烧异香几十斤，使堂内香烟缭绕，名曰“香云”。朱胜非还提到了赵鼎在相府，每日用于吃喝的费用，是过去的十倍；总是把自己亲信的人，不论职位高低，都聚到一起吃喝。他还说赵鼎贪污公款十七万贯，滥用公款七十余万贯，并盗用公物三千余件。

朱胜非讲的这些，都是诬陷不实之词。高宗时，内侍曾在皇宫中种竹，就被赵鼎怒斥，说这是要重蹈徽宗时花石纲的覆辙。一次，有户部官员擅自把国库的钱送进宫，也被赵鼎痛加斥责。高宗对赵鼎说，这件事是他吩咐的。赵鼎就说，把户部的钱献给皇帝不对，皇帝问户部要钱也不对。试想，如果赵鼎果真在相府大栽花竹，以及滥用公款吃喝，又怎么敢斥责内侍在宫中种竹呢？如果赵鼎果真贪污、滥用公款和盗用公物，他又怎敢斥责户部官员献钱入宫，甚至批评皇帝不该问户部要钱呢？

朱胜非与赵鼎不和，与秦桧也不和。赵鼎罢相之后，不断受到秦桧的迫害。而秦桧攻击赵鼎的那些罪名，诸如奢侈、贪污和滥用公款，以及盗用公物之类，都出于朱胜非的诬陷。朱胜非在这种时候上书诬陷赵鼎，显然是投秦桧所好。朱胜非说，他上书揭露赵鼎，人家都以为赵鼎一定会为自己辩白，但赵鼎却没有任何辩解之词。他的意思，是说他所提供的都是铁证。其实，对朱胜非的诬陷，赵鼎不作任何辩解，是有很深的原因的。秦桧对赵鼎，必欲置之死地而后快。如果朱胜非所言为实，赵鼎早就没有活路了。但赵鼎知道，如果他上书为自己辩解，反而会被高宗认为是借题发挥，“怨望”朝廷；自己唯一可取的态度就是不辩解，由它“清者自清，浊者自浊”。在君主专制政治之下，这样的无奈和沉默，既是一种明智，却也绝对是悲剧。

文天祥孤往的悲壮

文天祥的故事，人皆能详。“人生自古谁无死，留取丹青照汗青。”这样的诗句，充满着动人的力量。

然而，读《宋史·文天祥传》，感到他身上有一种孤往的悲壮直逼人心，与岳飞必欲直捣黄龙，“重头收拾旧山河”的豪壮，是完全不同的。南宋灭亡的命运，文天祥看得清清楚楚。他的忠诚，是以一腔热血，作孤绝的一掷。

1274年六月，元军大规模进攻南宋。南宋各地守军，或败或降。七月，宋度宗死，恭帝继位，年四岁。1725年正月，朝廷诏令天下勤王，但响应者寥寥。文天祥时为江西提刑安抚使，他散尽家财，聚集起上万之众向临安进发。有友人劝他，说元军分三路而下，攻城略地，势难抵挡，以这样的乌合之众去救援，是“驱群羊而搏猛虎”。文天祥说，总不能眼看着国家孤立无援；虽不自量力，也当以身殉国，为天下表率；天下心向忠义，就会有破敌的办法；人多势众，自能助成大功，保住宋朝的江山！

然而，一到临安，文天祥即被派往浙西、江东任制置使，兼平江府知府。受命之后，文天祥上疏朝廷，提出重振军事的主张。他说，宋朝鉴于五代藩镇强大、中央受制于地方的教训，将地方的兵、政、财权都收归中央，地方“尾大不掉”之弊是解决了，国家却越来越弱，外敌攻一州则一州破，攻一县则一县残，以至于金人南下，中原陆沉，悔之无及啊！他认为，要救亡图存，须把全国分为四个军镇：广西归并于湖南，以长沙为中心；广东归并于江西，以隆兴为中心；福建归并于江东，以番阳为中心；淮西归于淮东，以扬州为中心，各设都督统制，执行收复失地的任务。他说，这样才可以使战斗同时在各地展开，发挥地广人众的优势，分散元朝军力，使之疲于奔命，而各地豪杰将伺机而起，共同击退元军。但是，他的这种建议，不符合宋朝“强干弱枝”的祖制，被视为“迂阔”，朝廷根本不予理睬。

回顾南宋的历史，当年岳飞一意收复失地，迎回徽、钦二宗，而遭高宗皇帝和秦桧痛下杀手，与这样的祖制正有莫大的关系。文天祥的建议，显然也有违这一祖制，而与当朝诸臣的立场不同。盖其时，国家虽已陷于绝境，朝廷却希望能通过求和来苟延残喘，不会同意这种违背祖制的做法，以免弄得将来又是“尾大不掉”。文天祥对此，是完全能估计得到的。所以，他在上疏中激烈地表示：“朝廷姑息牵制之意多，奋发刚断之义少。”“姑息”，就是对一意求和者的“姑息”；“牵制”，就是对坚持抵抗者的“牵制”。这样的朝廷，又怎能希望它“奋发刚断”呢！

天不遂人意，南宋的求和，遭到了元朝的拒绝。这样，文天祥又被召回临安。惟兵临城下，大势已去，宋廷终于在1276年正月，向元朝奉表投降。更使人感到蹊跷的，是宋廷让文天祥以右丞相的身份，去与元军谈判。谈判中，文天祥抗言不屈，即被扣留。后来，文天祥逃了出来，转去福州。其时，太后、恭宗已被掳往上都。五月，陆秀夫等在福州，拥立九岁的益王昰即位，是为端宗；文天祥以枢密使、都督诸路军马，开府招集军队。十一月，元军攻入福建。端宗浮海奔命广东，于1278年四月病死。陆秀夫等又立八岁的卫王昺为帝。在此期间，文天祥虽也打了一些局部性的胜仗，却不能扭转败局，直到是年十二月兵败被俘。不久，南宋水师在崖山海上为元军大败。陆秀夫抱幼帝昺负海而死，其“后宫及诸臣从死者，尸出于海至十余万”。

文天祥被俘后，被押往上都。为他的忠诚所感，元朝统治者想通过说服他投降，来瓦解南人对宋朝的留恋。狱囚三年，文天祥历尽折磨、利诱，必死的意志百折不回。元朝的统治者又担心，让他这样的人活着，南人就仍抱有光复旧物的希望，决定将他杀害。元朝丞相博罗曾经问过文天祥，宋朝已投降，再立昰王、昺王又有什么用？文天祥说，有他们在，宋朝的社稷就在，臣子就有尽责的地方！博罗又问，无用的事，做它干什么？文天祥说，父母得了绝症，总还是要喂药；如今有死而已，不必多言了！他心里非常清楚，元朝皇帝千方百计要他投降，究竟是为什么。“人生自古谁无死，留取丹心照汗青”，这如鹃啼血的诗句，讲的就是生不逢时，亦当取义成仁的道理！这种孤往的悲壮，其精神是传之久远而不会泯灭的。

耶律楚材治国

耶律楚材的祖上是辽朝贵族，父亲却做了金朝的尚书右丞。他三岁失怙，却知道要用功读书，除了博览经史，于天文、地理、律历、术数，以及佛学、道学和医、卜之书，无所不读。1215年，成吉思汗占领了燕京。因为料事如神，为人又忠义，耶律楚材受到成吉思汗的信任。那时，蒙古军队所到之处，烧杀掳掠无所不为。耶律楚材总是根据某种灵异、疫病的发生，劝说成吉思汗勿滥杀，行仁政。成吉思汗曾对他的儿子窝阔台说，耶律楚材是上天所赐予的，今后的军政和民政全都要让他去处理。

1217年，成吉思汗死。耶律楚材说服窝阔台的弟弟托雷和哥哥察合台，让窝阔台及时登基，并且采用汉朝皇帝的登基礼，以彰显君主的威严和尊贵。在耶律楚材看来，君权神圣不可侵犯，却又是仁慈和公正的。所以，当窝阔台登基时，很多人来得晚了，按蒙古律令是要处死的，耶律楚材却说服窝阔台予以宽恕。那时，中原大部分地区都已经是蒙古的了。中原百姓因为不懂蒙古法禁，动不动身陷法网。耶律楚材请求窝阔台下令，对类似犯罪予以赦免。朝廷上，都笑话耶律楚材迂腐。但他不为所动，坚持把事情原原本本地向窝阔台讲清楚，使窝阔台接受他的意见。

窝阔台登基后，有人建议把中原变为牧场。耶律楚材说，军队征服南宋需要供给；如果在中原平均征收地税、商税、盐税和铁冶税，以及其他山泽之利，每年可以获得白银五十万两、帛八万匹、粟四十余万石，就足够军需之用了。窝阔台听了，就委派耶律楚材主持中原赋税。耶律楚材于是在中原设立了十路课税使，全部委任儒士，使中原地方避免了一次历史大倒退。三年之后，耶律楚材被任命为中书令。他又在中原地方进行了大规模的改革，重新用汉地的政策治理中原。他的基本的做法，一是种地无分民族，一律缴税服役；二是军政与民政分开；三是禁止地方官私人向皇帝纳贡。有个叫石抹咸得卜的人托皇叔上书，说耶律楚材做了中书令，用的都是亲戚和金朝故旧，一定是图谋不轨，要把他杀了。窝阔台一眼看穿这是诬陷，根本不予理睬。后来，石抹咸得卜犯了法，窝阔台让耶律楚材去拘捕他。耶律楚材说，石抹咸得卜倨傲不驯，容易被人攻击，国家正在对南方用兵，就不要追究了。窝阔台听了，对身边的人说，耶律楚材不计较私仇，真是宽厚长者。

战争，使天下很多百姓死于非命。为挽救天下苍生，耶律楚材是不遗余力的。当年，如果中原变为牧场，不知有多少人民会成为冤鬼。而在最后的灭金战争中，如果不是耶律楚材的建议，又不知有多少人民会惨遭屠戮。汴京即将被攻陷，大将速不台派使者去对窝阔台说，金人抵抗了那么长时间，蒙古军队也伤亡惨重，等攻下汴梁，一定要屠城。正当窝阔台犹豫不决时，耶律楚材骑马赶到。他对窝阔台说，让将士们风餐露宿，打了几十年的仗，为的就是得到土地和人民；如果人都杀死了，这地又要它有什么用！见窝阔台还是拿不定主意，耶律楚材又说，各种奇巧的工匠、家财万贯的富人都萃集汴京，把这些人都杀尽了，这个仗就打得一无所获。此时的窝阔台，若跟他“晓之以义”是不会有用的。而耶律楚材“诱之以利”，就打动了他的心。也正因为如此，当时汴京城约一百四十七万人口被保全下来。

为巩固蒙古在中原的统治，耶律楚材主持制定了很多制度。这些制度，最终成就了元朝的入主中原。不过，他总是说，治理国家，兴一利不如除一害，生一事不如省一事。灭金之后，朝廷税收不断增加。耶律楚材为此忧心忡忡，虽竭力反对，却也没有用处。窝阔台死后，皇后乃马真氏称制，宠信奸臣奥鲁刺合蛮，下令凡是奥鲁刺合蛮建议的事，令使如果不为他书写，就砍掉他的手。耶律楚材对乃马真氏说，先帝把事情交给了他，合理的事自当奉行；不合理的事，就是死，也不会怕，不要说砍掉一只手。

公元 1244 年，耶律楚材去世。他死后有人造谣，说国家每年的贡赋有一半到了他家。于是，乃马真皇后派人去核实，却发现他家只有琴阮十几个，还有一些古今字画、金石和遗文数千卷。